GES GENTOSHA EDUCATION SHINSHO

頭を前向きにする習慣

ブレークスルーパートナーズ
赤羽雄二

幻冬舎エデュケーション新書
001

はじめに

仕事や講演、ワークショップを通じていろいろな人と接する機会があるが、皆あまり元気がないように感じる。イノベーションが進み、躍動感とエネルギーに溢れる諸外国に比べ、社会全体があまりよい方向に進んでいないのではないかと心配になることが多い。高度成長期が終わって社会に閉塞感が出始めて以降、一人ひとりの日本人が前向きに考え、希望を持って進む、ということがやりづらくなったのではないかと思う。

私自身は何度かキャリアチェンジはあったが、「A4メモ」を大量に書くことによって、頭の中のもやもやをなくし、悩みを整理し、多くの場合、前向きでいることができた。A4の紙に1件1ページ、1分以内にさっと書き切る。たったこれだけのことだが、非常に大きな効果を発揮してくれる。

昨年の12月に出版した『ゼロ秒思考』(ダイヤモンド社)は幸い7万部を突破し、ビジネスマンをはじめとする多くの方に、このメモ書きのメソッドを体感していただくことができた。ゼロ秒思考とは、考えの質とスピードの最高到達点で、メモ書きを極めた先にあるものだ。

問題が起きても気を取り直し、自分はどうすべきかを前向きに考え、行動に移していく。Ａ４メモ書きは「頭を前向きにする習慣」となる。

今、何かに悩んでいらっしゃる方、悩み疲れて元気をなくしてしまった方にも、この前向きに考えるための方法論をお伝えしたい。

頭を前向きにする習慣　目次

ＤＴＰ　株式会社デジカル　梶川元貴
編集協力　西村彩里

序章

頭を前向きにする
メモ書きの習慣

私の人生を変えた「メモ書き」について

大学を卒業して小松製作所（以下、コマツ）に入社し、小学生以来の夢だった、建設機械の開発の仕事に携わった。会社に豊富にある技術資料を夢中になって勉強し、定時後も工場の中を真っ暗になるまで歩き回って、保管してあるブルドーザーの車体や油圧シリンダーなどの大型部品を見て回った。夜、寮に帰ると、持ち帰った資料を読んでワクワクしていた。配属は川崎工場で、積載量100トンの超大型ダンプトラックなどの開発に取り組み、ひたすらエンジニアとしての仕事と勉強に没頭していた。

ところが、入社3年目、留学生派遣制度ができたところから人生が大きく転回し始める。正直なところ、海外とか留学などへの関心は、それまで全くなかった。ただ向上心だけは人一倍あったため、「留学のチャンスがあるなら受けてみよう」と迷わず応募し、幸い数名の一人に選ばれた。

留学の研究テーマは「大型ダンプトラックの乗り心地制御」と考え、研究をやっていそうなアメリカのマサチューセッツ工科大学、スタンフォード大学、イリノイ工科大学、オーストラリアの南アデレード大学などに応募し、たまたま受かったスタンフォード大学の大学院に留学することになった。そこがサンフランシスコから約60㎞南東に位置し、地理上も歴史的にもシリコンバレーの中心であり、世界のイノベーションに大きな影響を与えた大学とは当時知るよしもない。留学中もほぼ知らないまま、機械工学修士を取り、日本での生活に戻った。

コマツでは留学の成果を活かすべく、超大型ダンプトラックのサスペンション試験研究をしていたが、1年後のある日の昼休み、上司の席にマッキンゼーのヘッドハンターから電話があり、たまたま上司がいなかったので電話を取った結果、私が面接を受けることになった。外資系コンサルティング会社にとくに興味があったわけではないが、当時、マッキンゼーの中心で活躍されていた大前研一さんの本は多数読んで感銘を受けていたので、興味本位で面接を受けた。

マッキンゼーの方に何名か会ってみると意外におもしろそうな仕事であり、圧倒的なグローバルさ、ダイナミックさに惹かれて、思い切って転職することにした。コマツ在籍8年目、留学を除くと6年目のエンジニア経験だった。

正直に言うと、マッキンゼーがどういう会社か、どういうスキルがいるのか、ほとんど何も知らなかった。留学も工学修士であり、MBAではなかったので、何の知識もなかった。小学生の頃からあれほど好きだった建設機械の世界から180度方向転換することに未練が全くなかったのは、今考えても不思議だ。あえて言えば、夢中になって勉強し、仕事をしたので、いったんやり終えた感があったのかも知れない（わずか6年でそんなことよく言えるな、というところではあるが……）。

そういう状況でマッキンゼーに入社し、即座にチームにアサインされた時、エンジニアとしての経験しかないため経営の視点が乏しかった私は、先輩から非常に多くの助言をいただいた。

マッキンゼーというのは、世界的な経営コンサルティング会社で、世界数十カ国にオフィスがある。主に大企業に対するビジョン、戦略立案、収益性改善、組織改革、経営幹部育成などに関して助言し、業績向上の支援をする会社だ。

入社後の上司や先輩からの助言は、分析のしかた、インタビューのしかた、報告書のまとめ方、プロジェクトチームのリードのしかたなど多岐にわたった。大変に有益ではあったものの、量も多く、エンジニア出身で土地勘があまりないこともあって、一度に全部を理解し、自分のものとすることは到底できなかった。その時、多くの助言をメモとして書き留め、忘れないようにした。

また、インタビューのしかた、報告書のまとめ方などに関しては、自分なりにもっとも効率のよいやり方を工夫し、早く身につけようと、教えられたことを何度も何度も書き直したり、まとめ直したりした。そのたびに、少しずつ知見も深まり、形が浮かび上がってきた。最初のうちはそれを事あるたびに見直し、やり直したりしていた。

最初はマッキンゼーの仕事の速さについていくので必死だったが、必死な気持ちでメモを書いてみると、思った以上に頭が整理されるし、気になることもはっきり見えることに気づいた。明らかに仕事がしやすくなった。一部だけ活用していたメモ書きをもっとすべてに応用したいと考え、少しずつ拡げていった。

ふり返れば、高校・大学時代から色々な形のメモを試し、工夫をしていた。15、16歳の時に読んだ梅棹忠夫先生の『知的生産の技術』（岩波新書）に大変な影響を受けて、有名な京大式B6カードも1000枚以上書いたと思う。ただ、これは丁寧に書くので、書くこと自体に結構な時間がかかり、整理にも色々な箱が必要で、成果があったという実感はあまりない。

大学の研究室の先生（現・東大名誉教授の畑村洋太郎先生）からは、いわゆるA4のレポート用紙にノートをとることをかなり徹底して教えていただいた。これもずいぶんやったが、整理のしかたはあまり工夫できなかったので、ただ書いて終わったというところだ。コマツに就職後、会社にあったＡ４用紙や大学ノートにも、かなり書いたが、だいたいは書くところでエネルギーを消耗した結果、それで何かができるようになったという実感はない。

このような前段階を経て、マッキンゼーでたまたま報告書作成ドラフト用に大量にストックしていたレターサイズの紙に、前述のようなメモをとり始め、一件一葉で書くようになって落ち着いた。レターサイズの紙の大きさは、米国式でＡ４にほぼ準じる。最初は1分で4〜6行、各20〜30字書くといった現在の考えはあまりなかったので、ゆっくり書いたり早く書いたり、色々書き込んだりしたが、途中からどんどん浮かぶアイデア・気持ちを書き留めるために、さっと書くほうがどうもよさそうだということに気がつき、今の方式が確立していった。

メモを多数書いて

マッキンゼーでの1年の仕事量は、他の会社の3年分などとよく言われる。仕事の量とスピードが半端ないのだ。

とくに慣れない最初のうち、目の前であっという間に分析が進み、１００ページ以上の報告書が瞬く間にできあがっていくことにずいぶん驚いた。さっきまで分析の山だったものが、数時間後には非常にわかりやすく説得力のある提案書に生まれ変わったりもする。

また、社員一人ひとりは、「アップ・オア・アウト」といって、「成長し昇進するか」「会社を辞めるか」の二択を常に迫られている。毎年3割前後がそうやって淘汰されていく。入社の時点で厳選されてはいても、企業経営という戦場で経営コンサルタントとして価値を出せるか、さらに成長し続けられるか、という点で容赦ない評価が続く。

プロジェクトも3～4ヶ月ごとに新しいプロジェクトが始まり、新しい業界、新しい経営課題に取り組んで価値を出すことが求められる。学ぶことが大変に多く、身につけなくてはならないことも次々と出てくるので、それを必死で消化するためにメモを多数書いた。

あっという間に増え続けるメモを整理するため、手近にあったクリアフォルダでの分類を始めた。カテゴリーを決め、7～10個のクリアフォルダに分けるだけだ。大学時代は、二つ穴で閉じるタイプの紙のフォルダを使っていたが、閉じる度に手間がかかる上、それほど量も入らないので使い心地は今一つだった。ちょっとルーズになるとは思ったが、カテゴリーごとのクリアフォルダにただ投げ込むだけにしたら、ようやくしっくり来るよう

写真１

になった。
　書いたメモは、夜寝る前にその日書いた分を投げ込んでいくだけなので、これまでのどの方法と比べても簡単に整理でき、取り出そうと思えばすぐ取り出すことができる。一つのクリアフォルダに最大で４センチくらいまで入るので、量が多くてもあまり困らない。もちろんメモと一緒に普通のパンフレットなどを整理することもできるので、一元管理ができる。
　クリアフォルダにはラベルを貼って整理した。このラベルもカテゴリーがしっくり来るまで何度でも貼り替えることができ、しかも手間が全くない。二つ穴の紙のフォルダなどよりも、よほど簡単でしかもずっと安い。それ以来、整理の方法はクリアフォルダ一択になった。私のオフィスのキャビネットには、クライアントごと、テーマごとのクリアフォルダが多数積んである。

こうやって、多数書いたメモの整理の方法が確立し、後のことを気にせずどんどん書いていくと、頭が整理されるだけではなく、仕事のスピードも上がることに気づいた。仕事柄、同時並行で多数のプロジェクトが動いているが、関連の資料、報告書、パンフレットなどをすべてクリアフォルダに投げ込むだけなので、それ以降、整理法の工夫をあれこれする必要がなくなった。そこにいたるまでの間、行ったり来たりしていた問題がすべてなくなって、内容に集中できるようになった。

毎日10ページのメモを書くと、半年で1800ページ、1年で3600ページ、3年で1万ページになる。積み上げると相当なもので、各々のページは短時間でさっと書いたものでも、達成感が出た。書いたメモは今でも取ってある。

気持ちやものの見方がどう変わったか？

メモの取り方には色々な変遷があったが「A4の紙に横置き、1ページに4〜6行、各20〜30字」という今の形で書くようになって、短時間で頭が整理されるようになった。

普通、じっくり考えると1ページに何か書くのに何分も何十分もかかる。内容はもちろん濃くなるが、それだけで疲れ切ってしまう。考えたいテーマがいくつもあるのに、そのうちの一つだけでエネルギーを取りすぎてしまうのだ。

そういうことがなくなり、頭に浮かぶことをさっと整理できるようになった。何かが頭に浮かんだら、ほぼ瞬間的に言葉で表現でき、A4用紙に書き出せる。

誰でも、明確にこうしようと思うことがあれば、もっと、もやもやしていることもあると思う。自分の頭の中ではっきり整理がついておらず、言葉としても明確に認識できず、もやもやっとしていること、それがなくなった。結果として、いつもはっきりと考えられるようになった。

何かが頭に浮かんだ時、すぐ言葉にできるようになると、気分的にスッキリするし、何よりメリットとデメリットなどもすぐに浮かぶ。やるべき理由、やってはいけない理由も瞬間的に見えるようになる。そうすると、判断に迷うことがなくなった。もやもやを瞬時に言葉にすると、いいのか悪いのか、とその理由までが同時に言葉になるので、自然に判断できてしまうのだ。人にもきちんと説明できるので、相手の賛同を得られやすい。

また、メモを多数書くようになって「何となく嫌だ」という気持ちが減り、はっきりとした言葉で「何が問題で、どう対処すべきか」「この人のこの点が嫌だが、他はそれほど悪いわけではない」など言えるようになった。頭の中身や気持ちをはっきりさせ、切り分けがその場でできるようになったためだと考えている。問題があってもかなり短時間で対処できるようになった結果、多くの問題は解決するか、未然防止ができ、前向きに考えられる時間が増えた。

同時に、嫌なことをスルーする力「スルー力（りょく）」がついた。どうしようもないこと、対処のしようのないこと、当面放置し我慢するしかないことなどに対して、今あれこれ思ってもしょうがない場合はさらっと受け流してしまえる。気にしてもしょうがない、できないことはできない。今言ってもしかたのないことについて、ぐだぐだ文句を言わない、気にしない、といった具合だ。

感情的になり、それにとらわれ過ぎていると、悪い状態がもっと悪くなってしまう。二次災害も起きやすい。どうしようもないのに、気にし過ぎてもっと気分が悪くなったりもする。これをなくすには、「受け流す」「気にしない」「今、気にしてもしょうがないことは適当に目をつむる」という便利な方法に尽きる。

「そんなやり方ができれば、それは楽だろう！」

「できることなら自分もそうしたい！」
と思われるかも知れない。
「わかっていてもできないし、だから悩み続けているのに、何ということを言うのか！」
と感じられたかも知れない。

Ａ４メモを書き続けていると、まさにこの「スルー力」がものすごく強くなる。もちろん、どうでもいいことに感情を揺さぶられることが完全になくなるわけではないが、少なくとも私は一晩寝るとほぼ平常心に戻ることができるようになった。

多分、嫌なことは全部Ａ４メモに吐き出し、「それがなぜ起きたのか」「背景は何か」「どうすれば避けられたのか」「避けられなかったのか」「自分が悪かったのか」「相手のほうがむしろ悪かったのか」といったことが全部整理されているので、むやみやたらと感情的になる、ということが大幅に減るのだろう。

また、Ａ４メモ書きを続けていると「ある程度以上頑張ったら、後はどうにかなる」という居直りができるようになった。人は、それぞれの立場、スキル、経験、職歴などにより、「ここまでやれば立派」「結果はともかく、後は運命に任せよう」「今できることはもうない。十二分に頑張った」といえる水準、時点があると思う。その人なりに全力を尽くし、最善を尽くし、「なるようになる」という心境だ。

もちろん、目標水準を下げるという意味ではない。むしろこれ以上できないというほど頑張ってあるレベルまで達したら、そこで腹をくったほうがいい、という意味だ。メモ書きを続けているとやるべきことをやっているという心境になり、過剰にネガティブにもならないのだから。

メモ書きで、聞く力も養えるように

A4メモ書きは、最初は「マッキンゼーでの激務に何とか対応しよう」「首にならないように成長し続けないといけない」ということで始めたものだが、やってみると仕事のノウハウを書き留める以外にも大きな使い道があることがわかった。

私自身は、幸い前向きで、感情がぶれず、いつもやる気があるほうだが、それでも、仕事以外で非常に嫌な気持ちになることがあった。そんな時もA4メモを多数書くことで、そういう嫌な気持ちが短時間で減った。どうしても嫌なことは、寝て起きると数分の一以下になる。メモに書いても、頭の中で考えていても、それほど大きく違わないと最初は思っていたが、間違いであることがわかった。メモに書くほうが明らかに気持ちの消化をしやすい。

また自分事だけではなく、とくにつらい状況にある人にとって、メモ書きがかなりの救いになると徐々にわかってきた。多くの人にA4メモ書きを勧め、書いてもらった結果、つらい状況を全部メモに書き出すことで、本人の気持ちがかなり楽になる様子をたくさん目にしてきた。長い間つらいことが続いていた人は、頑なことも多いようだが、短時間で改善されたことも少なからずあった。

もちろん、悩んでいる人にメモ書きの話をしても、すぐに書き出してくれるわけではない。悩みが深刻なほど、「私にはとても書き出せない」「混乱しているからとても書けない」「ただでさえ気分が悪いのに、思い出したくない。嫌なことを書いたりしたくない」という反応になる。

そういう場合、話を聞いてあげて、その場でさっとA4用紙を取り出し、メモを書いてあげればよい。話を聞きながら要点だけ何行か書き留める。例えば、こんな簡単で良いのだ（メモ1）。

悪口でも、全く構わない。そういうことは「はしたないから」と言って我慢しようとしても、嫌な気持ちは簡単に抑え込めるものではない。「大丈夫！」「いいから気にしない

メモ1　テーマ：上司が意地悪でもう耐えられない

上司が意地悪でもう耐えられない	2015-2-1
ー私の作成した書類に途中でフィードバックをくれない	
ーそれでいて、締切直前にダメ出しをする	
ー他の人には途中でフィードバックするので、私だけこんな扱い	
ー妬まれているような気がする	

で」と言っていても、顔は正直だ。悩んで、つらそうにしている。抑えこめないことはわかっているので、遠慮なく全部吐き出してもらえばいい。

普通に会話で吐き出すと、愚痴を言うだけに終わることが、Ａ４メモに書くと、「自分の悩みが本当は何なのか」「その理由は本当に嫌なことは何なのか」「本当は何なのか」など、きちんと整理できる。整理できると、自然と愚痴を何時間も言い続けることがなくなる。気持ちの整理がつかず、どうしても許し難いので、何度も何度も訴える。聞く相手も応対に疲れてくるが、やめるわけにはいかない……そういうことが、すっかりなくなっていく。

念のため言っておくが、私の経験ではこちらが紙に書こうとする時に、「何をやっているんだ！」「勝手に書かないでほしい！」と言われることは、ほとんどない。そういうふうに言われても不思議はないが、現実問題として、まずない。相手は何しろつらい状況で、こちらが真剣に聞いており、だからこそ書き留めているのであって、決して茶化したり、ましてや悪用したりはしない、ということは伝わっているからだ。

話を聞きながら何点かメモしたら、「ちょっと書いてみたんだけど、あなたが困っていること、嫌に思っているのはこういうこと？」というふうに見せると、「そうなんだよ。ほんとにそう」ということで、ただ話を聞いてあげるのよりも効果的に整理でき、それによって相手の気持ちを軽くしてあげることができる。何時間も体力・気力の続く限り聞いてあげるのではなく、書いて整理してあげることは短時間で劇的な効果がある。

次に会う機会からは相手が話し、こちらが整理する、という役割分担が自然にできる。そうやって書いた数ページのメモを本人に渡すと、気持ちが少しは楽になるのか、若干は明るい顔になってくれる。そうなると、相手はA４メモに関心を持ち始めるので、「こんな感じで自分でもメモを書いてみたらどうかな」と勧め、書き方のコツも簡単に伝えて、

A4 メモの書き方

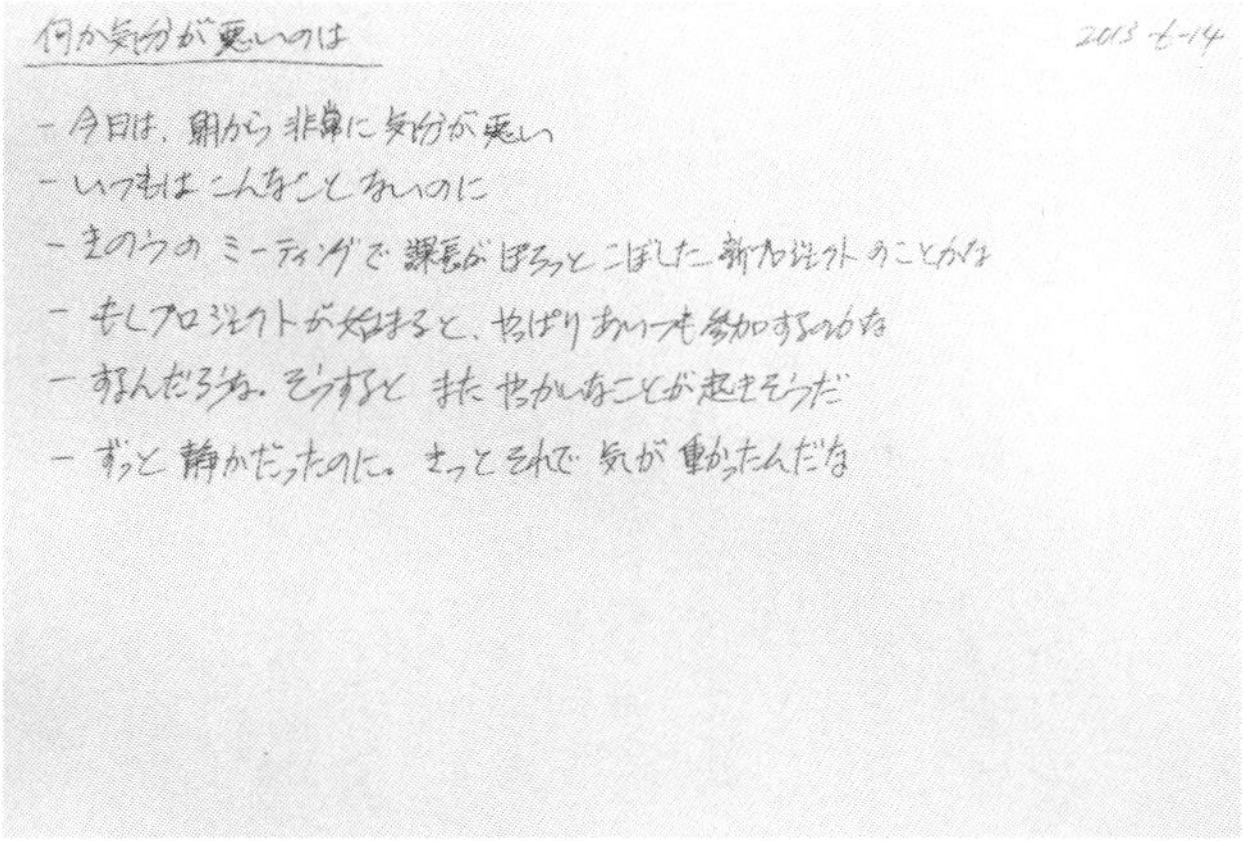
何か気分が悪いのは　2013-6-14

- 今日は、朝から非常に気分が悪い
- いつもはこんなことないのに
- きのうのミーティングで課長がぽろっとこぼした新プロジェクトのことかな
- もしプロジェクトが始まると、やっぱりあいつも参加するのかな
- するんだろうな。そうするとまたやっかいなことが起きそうだ
- ずっと静かだったのに。きっとそれで気が重かったんだな

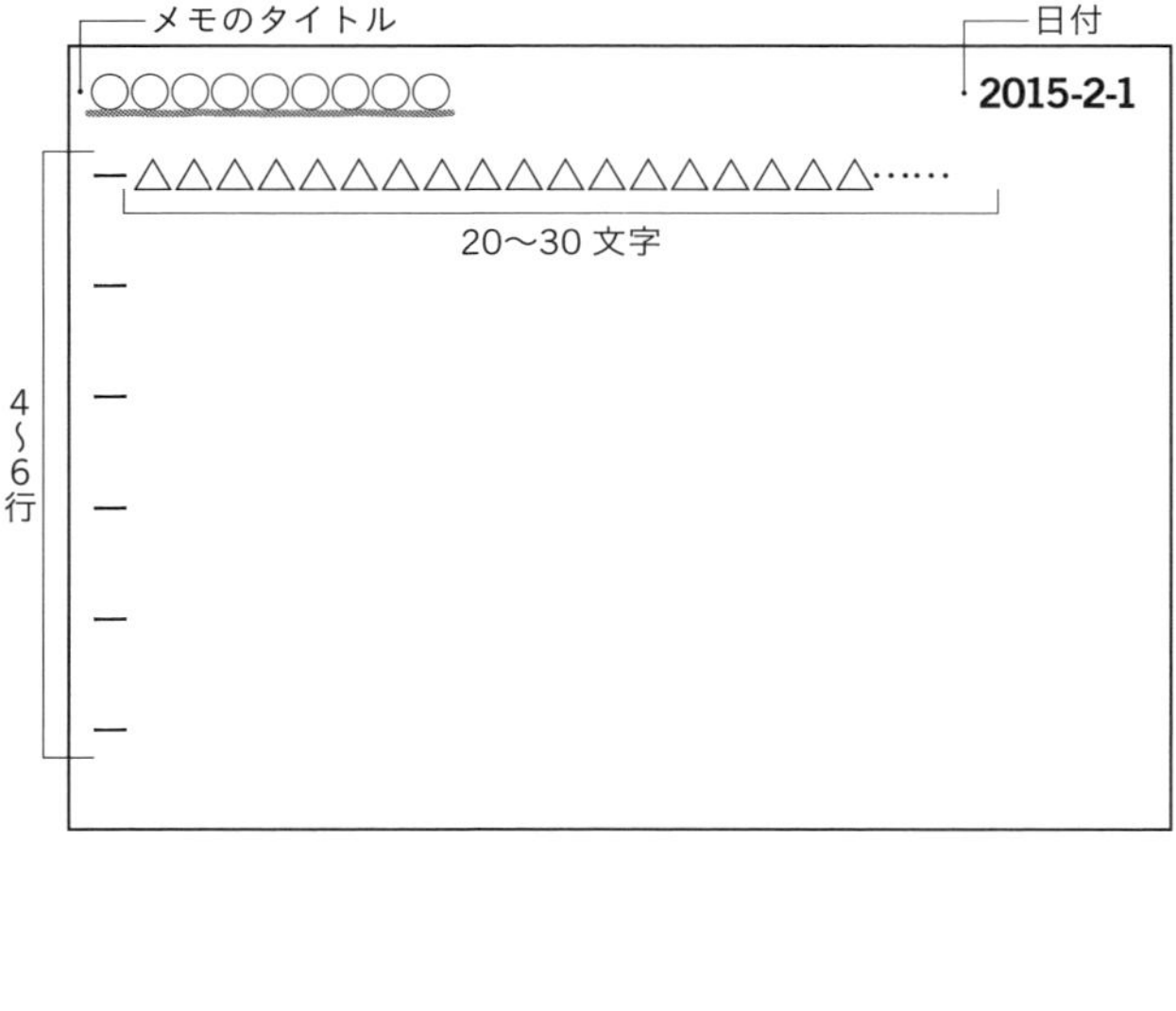

自分で書けるようになっていただくことが多い。

そこまで悩みが深刻だったわけではないが、私がメモ書きを勧めた30代の方から、「妻と小学生の子ども3人で、一緒にメモ書きをした」と後日メールで教えていただいた。小学生だと、ほんの数行書くだけになるが、それでもずいぶん面白がってくれたとのこと。親子3人それぞれがメモを書き、見せ合うので、普通の会話ではわからなかった本音が出たり、意外な側面が見えたりして、子どもを含めたコミュニケーションにも役立てたようだ。

A4メモは、大変簡単なだけに、色々な使い方ができる。まずはかしこまらずにやってみるといい。ノートや小さなメモ帳に書くのではなく、「A4用紙」を用意して、思いついたことをともかく書いていく。自分で書いたり、相手の話を聞いて書いたり、二人で並んで書いたり、家族で書いたり、色々できるので、ぜひ一番自然なかたちで始めてみてほしい。

何しろA4用紙にさっと書くだけなので、誰でもすぐできる。

1ページ書いただけでもかなりすっきりし、目の前が一瞬のうちに広がっていくのを感じていただけると思う。

第1章

日本の危機

グローバルに活躍できない日本人

よくも悪くも、日本が島国として、ほぼ単一民族として独自の発展を遂げた結果なのか、日本人はグローバルな環境で活躍することがあまり得意ではない。

・自分の考え方を明確に持ち、はっきりと言うことを必ずしもよしとしない
・価値観や仕事のスタイルが大きく異なる他の民族、他の国に慣れていない
・価値観が違う人とどう仕事をすべきなのか、意見のぶつかり合いをどう調整するのかに慣れていない
・英語を共通語として、どの国の人とでも抵抗なく会話をすることができない
・どこの国にも優秀な人がいるが、そういった人を対等に扱い、昇進させることができない
・自国の特長、価値観を国際社会で適切な形で主張、広報することができない
・自国の害になるような動きに対して、激しく抗議することができず、看過する

これらの結果、日本人の大半は、欧米だけではなくアジアやアフリカに行っても、現地に溶け込み、現地で家族を持って要人として大活躍するというよりは、日本企業向け、日本人向けのビジネスをしたり、現地に来る日本人相手のビジネスをしたりに留まることが多い。

もちろん、例外的に大活躍している人がいないわけではない。古くは、米国や南米に移民として行って、現地で大成功し、政治家にまで上り詰めたケースもある（ただし、大半は二世、三世の活躍ではあるが）。もっと近くでは、商社で世界を股にかけて飛び回っている人がいる。現地の工場長として、あるいは現地の子会社社長として、多数の外国人をうまくリードし、大きな成果を上げている人もいる。

ただ、おしなべて、外国にいても何かと言えば日本人だけで固まり、週末は一緒にゴルフをする。日本人家庭同士でパーティーをする。グローバル企業の幹部として現地に完全に溶け込んで大活躍する人は例外だ。ＩＢＭ、マイクロソフト、ＧＥ、ロイヤルダッチシェル、ネスレ、Ｐ＆Ｇ、ウォールマートなどの多国籍企業のＣＥＯや全社経営幹部として活躍している日本人はほぼ皆無に近い。世界的なブランドとなった日本の超優良企業の社長や全社経営幹部は99％日本人だが、実績を上げていてもそこから引き抜かれ、多国籍企業の経営幹部として活躍することはほぼ聞かない。

トップクラスの経営者とは全く見られていないため、ヘッドハンティングの対象にもなっていない。ようやく、日本国内で優秀な経営者が他の国内の会社の経営者として引き抜かれるケースが若干出始めたところだ。

日本は、集団としては素晴らしい製品を生み出し、めざましい結果を出したものの、経営幹部個人を見た時には、グローバルな環境で活躍し、大きく貢献するとは期待されていない、という残念な状況だ。日本にはグローバルな環境で大活躍できる、「自分の頭で考え、発言し、行動する」経営人材がほぼいないと思われていることになる。そんな馬鹿なと言いたいところだが、事実が物語っている。

言葉の壁

日本人がグローバルな環境、すなわち国外や国内でも外国人の多い環境で活躍できない最大の理由は、英語力だ。英語での交渉、講演、質疑応答などはもとより、パーティーや会食でも十分に話すことができない人は多い。

私の知る限り、MBAなどの留学経験者でも、ニコニコしながら黙って聞いていることのほうが多く、なかなか議論に参加しない。あるいはできない。駐在経験が4〜5年程度ある人は意地でも話せるようになるとは思うが、英語でのおしゃべりが楽しいという人はあまり多くはないだろう。

ほとんどの日本人にとって、海外の人とのコミュニケーション上では、英語が大きな壁になる。日本を代表する大企業の部長、課長と接する機会はあっても、英語が得意という方は海外営業以外にはまずお目にかからない。最近は、海外生活経験のある帰国子女もかなり増えているはずだが、そういった大企業の経営幹部、部長、課長で帰国子女の方にもなぜかあまり出会わない。多分、能力の問題というよりは、旧態依然とした組織での、「世界の常識、日本の非常識」的な滅私奉公的仕事のやり方にうまく馴染めないのではないだろうか。典型的には、サービス残業などは中々受け入れがたいのだろうと想像する。

帰国子女や海外営業が長かった人を除き、普通は外国人との英語での会話は極力避けたいものではないだろうか。

会話だけではない。欧米、アジアを中心に、グローバルな企業の競争環境と市場はダイナミックに変化している。競合も次々に出現するし、規制や国際標準なども変わっていくので、かなりの量の英語のブログ記事、新聞記事、資料などを読まないと本当はついていていけない。ところが、英語が苦手な日本人は、一部の方を除いて、英語での情報収集をほぼ全く考えていない。あきらめているという以前に対象外であり、考えたことすらない、という感じだ。

日本語に翻訳された情報も溢れているが、実はかなりが重複しており、本当に重要な情報はカバーされていないことが多い。したがって、英語の情報をほぼ全く読まない日本人は世界共通のニュース、出来事から置いてきぼりにされている。情報量的には相当多く見えるため、問題意識を持って見ないと、それらの情報を消化するだけで一日が終わってしまう。全世界的に流通している重要な情報が100とすると、そのうち10～20程度がくり返し報道され、残りはほぼ存在しないのと同じ扱いになっている。

毎年テキサス州オースティンで開催されているSXSW（サウス・バイ・サウスウェスト）というIT、音楽、映画の大イベントがあり、日本にとっても極めて重要な情報が溢れているが、国内では一部にしか報道されていないことに愕然とした記憶がある。これについては、私のブログの4記事に詳しく書いたので、ぜひ読んでみてほしい（http://gendai.ismedia.jp/articles/-/39584）。日本が直面する危機について書いたが、そこで多くの海外メディアの記事を引用している。ブログで皆さんにご紹介するにあたり、何とか日本語の記事だけを引用したいと思ったが、ほとんどなかったので、英語記事を多く引用せざるを得なかった。

「話す」「聞く」「読む」とくれば、次は「書く」だ。

英語のメールを苦もなく書ける人は日本では少数で、ましてやブログなどでの発信はほぼないに等しい。海外から日本の情報、日本人の発言・意見を知ろうとしても、政府広報や学術論文以外、あまりないのではないだろうか。私の知り合いに日本語でブログを書いている人はたくさんいるが、英語でブログを書いている人は一人もいない。私自身も、英語での発信は希にしかない。スライドシェアには日本語の講演資料を数十あげているが、英語のものは二つ三つあるに過ぎない。

米国や英国、彼らの植民地であったマレーシア、フィリピン、インドなどの国々は、英語での生活、仕事、情報発信が普通にされている。また、スペイン語、フランス語、イタリア語、ポルトガル語など欧米系の言葉を母国語とする人々にとって、英語の勉強は日本人に比べてはるかにやさしいし、身の回りに英語ネイティブな人も多数いる。ヨーロッパは地続きであり、歴史的経緯もあって、一人が3、4カ国語を話すこともごく普通だ。自分と違う民族との意思疎通、仕事、情報発信が生活に完全に溶け込んでいる。

人口1億2000万人でGDP世界第3位（数年前に中国に抜かれた）、かつ日本語で日常生活も大学の教科書も完全に事足りている私たちは、グローバル化が進み、英語を共通語として世界が一つにつながってしまった今、全く対応できない状況にある。完全に取り残されてしまった。

世界中の人々が英語という羽根をつけて飛び回り、多くは連帯飛行をしている中で、我々日本人は一人、地べたを這いずり回っている。外で何が起きているかほとんど知らず、中で何が起きているかほとんど伝えず、取り残されている。

英語ができない、英語が使えないというただそれだけの理由で、日本は今、とてつもないハンディキャップを背負ってしまった。

発表・発言が苦手な理由

英語がある程度話せる人でも、国際会議や外国人の多い場所で発表しろと言われれば、かなり躊躇するのではないだろうか。

せっかくの機会なので飛びつけばいいと思うが、そうはいかないようだ。日本人は多分世界で一番、言葉の問題に敏感で、自分が英語を満足に話せないことを過剰に気にしている。「知識、技術、見識は非常に優れているのでそれを発表すればいい」と言われても、二つ返事で引き受ける人はそれほど多くはないと思う。「内容がありさえすればいい。それを伝えるのは当然。英語はただのコミュニケーションの道具だ」という意識からは対極にある。

日本人以外の人にとって、英語でのコミュニケーションは当たり前のことだ。全く話題にならない。2キロ離れたところにあるスーパーマーケットに行くのに、車があれば当然それで行くというのと同程度の話。車が運転できないと困るので、免許はとっておく。誰も車の運転技術を競ったりしないし、運転ができるから偉いとかいうことも、全くない。

しかし、日本人にとって英語で表現することは、もっとはるかに、比べものにならないほど心理的障壁が大きい。ごく一部の人にとっては、高さ1メートルほどの壁なので、まあ何とか越えることができる。99％の日本人にとっては、飛びつけば手が届かないわけではないのに、自分の身長より高い、高さ2メートル以上の壁に見えているのではないだろうか。

腕力が強ければ、絶対に登れないこともない壁だが、「普通の人にはまず無理だ」と思って、飛びつくことも、腕力を鍛えることもしない。越えなければ飢え死にするとか、給料が上がらないとか、商売できないといった切迫感はないのだ。

苦手意識も強い上、無理して2メートルの壁を越えなくても敷地の中はそこそこに快適なので、頑張って越えようという努力対象にはならない。この結果、日本人は英語でコミュニケーションできないことを大して恥ずかしいとも思わず、当面、楽して暮らしている。

また、サッカーで言うアウェイの環境だと、どこの国の人でも多少はおとなしくなるが、日本人はとくにその傾向が強い。美徳かどうかで言えば、日本人的には道徳の基準にあった行為と感じているかもしれない。つつましやかでよいと。ただ、国際社会では、全くそうは思われず、単にハンディキャップになる。外国では、あるいは外国人が多いとあくまで控えめで気後れする日本人は、高度成長期のような勢いがなくなった今、非常に不利になった。一層の引っ込み思案になってしまっている。

そして、日本人の多くはいまだに「外人コンプレックス」が強い。「外人コンプレックス」といっても、とくに「欧米人コンプレックス」だ。欧米人に対しては、発言を控えたり、おとなしくなったり、欧米文化礼賛になったり、場合によっては媚びたりもする。多くの人は、欧米人に何を言われても十分にわからないまま、ニコニコして「Ｙｅｓ、Ｙｅ s」とだけ答えたりする。一方、アジアの人に対しては、若干優位な気持ちで接することが多そうだ。同じ英語を使っていても、タイ人、インドネシア人、ベトナム人などアジア人相手だと欧米人に対するより、かなり気持ちの余裕がある。人によっては横柄な態度に出ることもある。中国人、韓国人に対しては、何かと複雑な心境だったりする。

どの国、どの民族の人にも多かれ少なかれ偏見や好き嫌いはある。ただ、四方を海に囲まれ、外国人と接する機会が少なく、敗戦後の米国からの進駐軍以外ほとんど占領・侵略された経験がない日本人は、地理的にも歴史的にも、かなり特殊だ。

私が留学後にマッキンゼーに入社し、スイスや米国で研修プログラムに参加した時のことだが、受講生の大半は欧米人で、英語をペラペラとしゃべる。内容は一応理解できても、最初は全く発言できなかった。また私から見ると、講師がかなりわかりきったというか、初歩的な質問をする。

例えば、

「あるチームでもめ事があった。A案にすべきかB案にすべきかリーダーが迷い始め、納期も迫っているので、チームのNo．2がリーダーに食ってかかり、言い争いになって検討作業がストップした。あなたがメンバーならどうするか？」

あるいは、

「あなたが商品開発リーダーなら、商品の品質と原価目標のどちらを優先するか」

といったものだ。

こういう質問は、ある程度社会人経験がある人なら答えが見えていて大して面白くないのに、受講生の大半はとにかく楽しそうに発言する。かといって、元気に発言する割に大した内容があるわけではない。少なくとも、私にはそう思えた。ただ、一人黙っているのもしゃくなので、そういった研修プログラムに参加して数回目から、何でもいいから質問したり、発言したりするようにした。そうすると、ようやく少しだけ面白さを感じられるようになった。

頑張って発言すると、皆聞いてくれる。少なくとも英語の世界では、発言し、参加すること自体に価値がある。内容のある発言で貢献するというよりも、発言したり賛成したり反対したり、何でもいいので意見を言うことが当然な感じだ。

発言内容そのものは、普通の日本人から見ると当たり前過ぎるとか、とくに何の変哲もないということが多いが、それは全然構わないような気がする。どうひいき目に見ても価値がほとんどないコメントを平気で発言するし、それに対して「それはわかっている」

「さっき他の人も似たようなことを言った」「お前はまだわかっていないんだから、黙って聞いていろ！」的な反応は皆無だ。

彼らの世界では、「発言すること、議論に参加すること」に価値があり、発言内容はあまり問わない。一方、「発言しない人、議論に参加しない人は存在しないのと同じ」で、もっと言えば、なぜそこにいるのか疑問を持たれてしまう。

日本では、黙って聞いているのが真面目な学生、受講生だと考えられる傾向がいまだにあり、価値観、行動原理が180度反対の方向にある。もちろん、発言を尊重される先生が日本にもいるとは思うが、「先生のお話を拝聴する。発言せず、脇目もふらず、ひたすらノートにとる」ことが一般的には美徳とされている。

じっくりと考えたい性分

以上のようなこともあり、日本人はとくに外国語の環境では何を言ったらいいかわからないので、黙っていることが多いし、発言する場合もじっくり考えて発言したがる。

ところが、「じっくり考えている」つもりで、実は考えが大して前に進んでいないことが多いのではないだろうか。

じっくり考えているうちに議論はどんどん先に行ってしまう。そうするとさっきから考えていたことを言ってもしょうがないので、また新しい点について考え始める。何か言おうと思い始める頃には、また周りの議論は前に進んでいる。

じっくり考えていると、参加者がわいわい議論している時には、ほとんど発言の機会がなくなってしまう。日本語であれば、じっくり考えつつ、他の人の意見を半分聞き、適宜修正することもできなくはない。ただ、英語の場合、ほとんどの人は半分だけ適当に聞くことはできない。ましてや、一生懸命、これは英語で何と言えばうまく伝わるだろうと思いながら、それよりはるかに先に進んでしまっている議論に耳を傾けて、理解し続けることは難しいだろう。

結果として、じっくり考えるというプロセスそのものが、英語に限らず外国語に関してはあまり現実的ではない。もちろん、会議が終わったその後、次の会議までじっくり考え準備するということは可能だが、それではその会議で全く貢献できない。新しい視点の提供とか、進め方への提案とか、あるいはせめて参加者に考えさせる鋭い質問とかができて、初めて会議に貢献していると言える。貢献できないということはその会議に参加していないのと同じで、会議への参加そのものの是非を疑われるし、メンバーとしてのコミットメント、適性にすら疑問符がつく。

「じっくり考えたい」と言いつつ、実は目立つと色々面倒くさかったり大変になったりするので、控えめにしているだけという日本人もかなり多いのではないだろうか。一人ひとり個性は違うものの、大勢を見ると、日本人はあまり目立つことを好まない。日本ではそれでもまだ許容範囲ということもあるが、英語の社会ではこの「じっくり考えたい」「じっくり考えているふりをしつつ、あまり目立たないようにする」習性は、命取りになる。

ハングリー精神の弱さ

ここ20年、韓国、台湾、中国企業の急成長やデジタル化の進展とともに製造大企業の業績に陰りが出始めた。それと軌を一にして、日本人のハングリー精神がかなり弱くなったと感じる。

ハングリー精神が弱いというのは、「頑張って努力して改善し、自分の生活や仕事をよくしようとする熱意が低い」ということだ。

戦後から「ジャパニーズ・ミラクル」と言われた高度成長期にかけてはそんなことはなかった。東京など大都市が空襲で焼け野原になった終戦からわずか19年後の１９６４年には、今日にいたるまで世界最速と言われる東海道新幹線が開通し、アジア初の東京オリンピックが開催された。終戦23年後の1968年には、GNP（国民総生産）が当時の西ドイツを抜き、世界第2位になった。

世界でもトップクラスに勤勉で真面目な日本人が、必死になって商品開発をし、品質改善をし原価低減をして、世界中で爆発的に売れる商品を次々に生み出していった。米国で貿易摩擦を起こし、その勢いで自動車産業の中心地デトロイトの街が荒廃したと言われるまでになり、日本製品の大きな看板が欧米、アジアどこの国に行っても高々と掲げられるようになった。

この頃の元気さは、いったいどこに行ってしまったのだろうか。

明治維新の時も、江戸時代初期も安土桃山時代も、日本人はもっと必死で、もっと元気だったのではないか。ただ、高度成長期の成功があまりにもすごかったので、その後数十年にわたり失速していることに気がつかず、当時の余韻に浸っているのではないか。日本のメディアも御用組合的に大本営発表を受け売りするだけで、本当の意味の報道をしていない。報道の多様性もあまりない。そのため、国家的な危機にも関わらず、「少しだけ大変なところもあるが、全体として日本は安泰」という報道に終始している。

コンビニやファーストフードの普及もあり、ちょっとした仕事さえしていれば、日々の生活は安逸だ。ディズニーランドのようなテーマパークにもいつでも行ける。大企業に長年勤めていれば、ローンで小さな家を買える。ワインとか、海外旅行とか、ちょっとした豊かさもある。兵役もないし、内戦もないし、凶悪犯罪も他国に比べるとはるかに少ない。GDPも中国に抜かれてしまったが、まだ当分4位まで落ちる心配はない。

国家財政が事実上破綻しても、原子炉が融解しても、適切な意思決定や正しい報道はされず、政治を変えようと国民が立ち上がることもない。経済特区は事実上骨抜きにされ、規制緩和はあくまで遅く、原発は再発防止策があいまいなまま再稼働し始め、東電への責任追及もほとんどない。

地方では人口減少が続き、シャッター街が急増している。3組に1組が離婚する時代だが、子どもを連れて離婚した女性の貧困層も増えている。母子家庭では養育費が十分には払われていないことも多く、これでは母親が病気になったら安定した収入の道が閉ざされてしまう。年金制度が破綻しているということは、ホームレスになり、食事も満足にとれず、病気になっても治療を受けられない高年齢層が続出するということだ。

一方、大企業には、日本の最優秀な人材が大量採用されたが、現在40～60歳となり、本来持っていたはずの高い能力を十分には発揮できず、温存されている。給与カット、早期退職制度、リストラなどある程度は行われているが、外に飛び出して活躍するでもなく、中で日本企業の競争力を大幅に上げるような新製品開発をするでもなく、日々の仕事に安住している。一人ひとりと話すと問題意識がないわけではないが、行動を起こすまではないという感じだ。

こういったことすべてがおかしいと思っても変えられないのが、ハングリー精神とは対極にある今の日本だ。深刻な問題があっても見過ごし、対処しない。不満は言うが、頑張って変えようとしない。差し当たり、今すぐは会社も続いているし、生活も何とかできると信じている。とくに公務員や大企業に勤めている人はこういうのんびりとした感じだが、現実ははるかに厳しい。

一度悪くなると後戻りできず、落ちる一方になる。皆、本当にたくさんの現実から目をつぶっている。

国民全体のハングリー精神のなさが、まもなく深刻な事態を引き起こすだろう。私たち一人ひとりが自分の頭でもっとしっかり考え、発言し、行動しないと取り返しがつかなくなる。「誰かが助けに来てくれるから、どうにかなるさ」という根拠のない楽観さが早く消えないと、日本は本当に大変なことになると思う。

日本の強みは何だったのか

日本の強みは、「ものづくり」にあると考えている。種子島に鉄砲が伝わってから短期間で大量生産できたのは、刀鍛冶の伝統があったからだ。勤勉で創意工夫を重ね、手先の器用な日本人は、世界的に見ても「ものづくり」の力とセンスが圧倒的だった。

1853年の黒船来航、1868年の明治維新以降、列強に支配されないよう、国をあげて西洋文化・西洋技術を取り入れた。明治維新71年後の1939年、有名な「ゼロ戦」が試験飛行した。戦闘機としての性能は世界最高水準で、圧倒的な物量を誇る米国の戦闘機に圧勝するまでになった。米国の国策により、日本の航空機産業は戦後の活動を制限されたが、それがなければ、ボーイングやエアバスが日本企業であっても不思議はない。

日本の「ものづくり」の強みは、「品質の高さ」と「徹底的な商品改善努力」にある。品質には徹底的にこだわる。刀鍛冶以前も以後も、親方が命をかけてものづくりをし、もっとも優れた弟子に伝承していった。時代は下り、企業にとって日本の消費者は最大の難関で、世界一うるさいと言われた。日本の消費者を満足させなければ、国内企業間の競争が激しく、生き残ることができなかった。そのために徹底的な商品改善が続けられた。この戦いで生き残ることができれば、世界の他の国の期待水準を超え、競争力のある商品となった。

有名な自動車メーカー、家電メーカーなども皆、そうやって「ものづくり」を徹底し、強化し、爆発的な成長を遂げた。巨大な米国市場が底なしの購買力を発揮し、韓国、台湾、中国企業も台頭していなかった高度成長期の奇跡的成長はこうやって実現された。

また、完成品メーカーの成長を支えたのは、世界最高水準の素材、部品メーカーだ。この分野では、日本企業の競争力は今でも大変に強い。

じり貧になる日本

日本には世界的な大企業がいくつも生まれ、高度成長期に大成長を遂げた。パナソニック、ソニー、シャープなどの家電メーカー、富士通、NECなどの半導体・情報通信メーカー、日立、東芝、三菱電機などの重電メーカー、キヤノン、リコー、オリンパスなどのカメラ・精密機器メーカー、トヨタ、日産、ホンダなどの自動車メーカー、ファナックなどの工作機メーカー、新日鉄、日本鋼管等の鉄鋼メーカーなどだ。

彼らが1960~1980年代の高度成長期から安定成長期に伸びた大きな理由は、巨大な米国市場が開かれ、しかもその後、熾烈な競争相手となる韓国、台湾、中国メーカー、インドのソフトウェア企業などの技術力がまだ弱く、魅力的な商品を提供できていなかったからだ。

ところが、とくに1990年代後半から2000年代にかけて、家電、PC、大型コンピュータ、半導体、携帯電話分野の日本企業の競争力が急激に低下し、いまだに挽回の目処が立っていない。パナソニックは創業以来の家電メーカーから、企業顧客向けの事業に大きく舵を切ったが、シャープ、ソニー、富士通、NECの存在感は大きく低下したままだ。今のままだと、さらに悪くなる可能性すらある。

自動車メーカーの競争力は今も高い。自動車は家電・PCなどに比べて部品を集め、組み立てただけではユーザーを満足させる商品にならないからだ。乗り心地、耐久性、燃費、デザイン、価格を兼ね備えた日本車は、今も圧倒的なブランドを誇る。重電系は、内需を中心に底堅い業績をあげているが、グローバル市場での活躍は限定的である。

世界的な存在だった日本の各メーカーの競争力が急激に落ちた最大の理由は、機器のIT化、デジタル化が進み、韓国、台湾、中国メーカーでも遜色ない商品が作れるようになったからだ。性能的に遜色ない商品が作られるようになれば、人件費が安く、ハングリー精神が比較にならないほど強く、開発スピードも速い彼らに圧倒されていく。

日本企業は、とくにIT化、デジタル化が進展するに連れて、独自の強みを持つことができなくなった。海外の優秀なソフトウェアエンジニアのほうが数段高い開発力を持つ。その結果が、インテル、マイクロソフト、オラクル、シスコ、クアルコム、アップル、グーグル、Facebook、Twitterなど、世界最高水準の人材を採用し、活かしている企業の圧倒的な強みになっている。

こういった米国企業は、どこの国の人材もうまく吸収して活かし切っている。英語が共通語であることはもちろんのこと、文化的にも、欧米人やアジア系の人も皆うまく取り込めるような指示命令体系、評価・昇進・報酬体系を作り上げ、やる気を出させることができる。その結果、米国国内のみならず、世界中で現地の優秀人材を採用し、結果を出せばグローバルな昇進体系に乗せ、他国でも本社でも活躍できる仕組みを作り上げている。

これに比べて、日本企業は、日本語ができなければそもそも昇進がなく、日本人以外を使いこなすことができていない。得意な分野に集中して価値を生む水平分業や、世界中で現地の優秀人材を採用し活用するグローバル化に関しては、言葉、文化、経営体質などの諸問題から非常に苦手と言わざるを得ない。

国際的競争力がとくに落ち始めたこの10~15年、日本企業の根本的な経営改革はあまり進まなかった。「ハードウェア箱売りビジネス」からネットワーク化することでの付加価値アップや、競争力あるプラットフォームへの転換を進めることができた企業はあまり聞かない。

最高経営責任者になりうる優秀人材を40歳前後から把握し、5~10年かけて複数の事業責任を取らせ、結果を出し続けた人材だけを選抜して最終的に次期社長にする、という世界的には当たり前のプロセスも導入されていない。実績といっても、せいぜい、設計部長が海外の工場長として数年経験を積み、国内に戻ってきて、別の事業部の部長を二つか三つ経験するというくらいだ。

したがって、多くの場合、経営者として経験と実績のあまりない人材が、人間力やリーダーシップ、コミュニケーション、および現会長・社長の覚えがよいという理由で次期社長に選ばれる。経営幹部の大半も、同期や近い年代層の中から順次昇進しており、その中から選ばれることになる。「事業責任の遂行によって育てられた人材でなければ、経営なんかできるはずがない」という価値観があまり共有されていないため、社長人事は限られた人材の中から、限られた情報に基づき行われてきた。

体制に矛盾が生じ始めている今も、これまでとほとんど変わらない状態だ。変革期にこそ、リーダーの役割が何よりも重要であるが、日本企業では、社長がある意味「あがり」のポジション。名誉・報奨としての位置づけになっている場合すらあり、もはや舵取りとして機能していない。

これでは、戦いの場がグローバルに広がってしまった2000年以降の企業環境において、大胆な方針を打ち出すことは難しい。

そうこうして足踏みをしている間にも、日本企業の存在意義はどんどん薄れていく。世界からはもちろん、日本人すら、自国で製造されたものに愛着を持って使い続けようという人は少なくなってきている。

例えば、SNSやインターネットが、大人から子どもまで、仕事でもプライベートでも手放せないツールとなっている今、私たちの生活は携帯電話やその他のネットワーク機器に大きく依存している。その部分だけを見ても、安いという理由で、生産コストの低い外国製のものを選ぶ人がたくさんいる。品質に差が生まれにくいのであれば、値段の安い商品を選ぶというのは、ごく一般的な考え方だろう。

また、日本人が喜んでインターネットを使い、iPhoneをモデルチェンジのたびに徹夜で並んで買い、多数のアプリをダウンロードして課金している間にも、時価総額50兆円以上のアップルや40兆円以上のグーグルなど、十兆円越えの米国企業が多数生まれた。多くの米国企業にとって、日本は世界で最も重要な市場の一つとして見られている。米国企業に大きく利益貢献している実態を見れば、「米国企業の植民地」と言っても過言ではない。

さらに悪いことに、

・IoT（モノのインターネット化）
・ウェアラブル（身につける、身にまとうIT）
・デジタルヘルス（病気の予防、診断、治療、予後などへのIT活用）
・ロボット
・ビッグデータ

などの急成長分野では、米国企業が圧倒的な強みを発揮している。日本企業の数十倍、数百倍の投資を得て、我々の立ち入る隙がないほど、圧勝する可能性がある。

それでも変わろうとしない日本人

なぜ、日本がじり貧になり、かつこういう状況が放置されているのか。

根本的には、日本の文化、価値観から来る、「問題把握・解決力」と「経営力」の問題だと考えている。

目標が明確にあり、そこに追いつき、追い越せという時、日本人は「ものすごい集中力」「改良・改善への研究心、創意工夫」「滅私奉公の頑張り」を発揮する。

その結果が、明治以来の急激な成長だ。高度成長期のベースは明治維新以降、すでにあったといえる。もっと言えば、数千年前から中国の文化・工学・技術が伝承され、その都度、あっという間に取り込み、我が物としてきた。金属加工、建築、陶器、工芸などの技術もそうやって獲得され、改良されてきた。「漢字仮名交じり文」なども実はその典型だ。200年以上鎖国が続いた江戸時代も、長崎の出島を通じてのオランダとの貿易は続き、先進国の事例を吸収しては、改良し続けていた。日本人は、文化的、歴史的に見ても、新しいものや革新的なものを生み出すというよりは、改良のほうが得意のようだ。

ところが、追いかけるべき見本がなくなり、自分たちで新しいジャンル、新しい商品を生み出さなければならない世の中の到来により、その情熱が一気に冷めてしまった。得意とする破竹の進撃や意気込みは、もはや効かない領域に入ったのだ。

ここで問われるべきは、経営力だった。例えば、米ＩＢＭやＧＥは事業構造を根本から作り替えた。クアルコムは、携帯電話の半導体に特化して大成功した。韓国サムソンも、携帯電話と半導体に大胆な投資をして圧倒的な地位を築いた。これらすべて、経営陣が業界と市場の動向をすばやく把握・分析し、開発や営業系に指示を出した結果である。短期に方向転換を行い、結果に結びつけている。

どういう商品を開発し、どう売って儲けるかが経営者としてのすべてだが、日本にとって、新しい地平線を開拓していくことは、昔から必ずしも得意技ではない。そこに立ち向かわなくてはならないのだが、これまで見わたす限り、実のある打開策は発表されていないと思う。

打開策を打ち出すべく、改革を試みた経営者もいなかったわけではない。事業構造改革や人事制度の革新に手をつけたり、新事業を何とか生み出そうとしたり、中央研究所にもメスが入れられた。しかしながら、価値の源泉は完成度の高い組み立て品や高度な精密加工ではなく、ソフトウェア、プラットフォーム、サービスに素早く移っていったため、手段を考えている間に、勝負は「世界中から優秀なエンジニアを惹きつけ、たくさん採用し、どれだけ長く活躍し続けてもらえるか」という点に変わってしまった。

「真の経営力」「根本的な事業構造変革力」は問われ続けているが、日本企業の経営者は新しい領域でイノベーションを越こし、新商品を研究・開発して事業化するという経験を代々してこなかった。M&Aを自由に使いこなせる人は、一握りもいない。だから競争の原理が変わり、「安くてよいものを完成品・単体として大量に売る」のではなく、「情報通信技術をベースに、新しいものを次々に生み出す」ことが重要になった時、さっとそこに踏み出すことはできなかったのだ。

結果的に、既存の製品の改良をさらに続け、消費者の求めていない機能を加えたり、精度を追求したりして打開しようとするが、そこに答えはない。情報通信系で急成長する米国企業や、ITを徹底的に活用して事業・経営基盤を大きく変えた製造大企業を横目ににらみつつも、いまだに得意領域が見つからず、苦戦が続いている。

ジャパニーズ・メンタリティの矛盾

本当に優秀なエンジニアは既存製品の改良ではなく、新しいものを生み出すことに生き甲斐を感じる。「自分が世界を変えよう」ということでものすごいエネルギーを発揮する。これは、改良が得意な日本人のメンタリティーとはかなり違う。

時代が大きく変わり、情報通信の分野が急成長した1990年代以降、日本企業や日本人が得意とする分野は、あまり価値を評価されない、という残念な状況にある。しかし、「情報通信が競争力の源泉となる分野では、米国企業がはるか先を走るようになった」ということは、日本企業に新たに目標ができた、ということ。前述の、目標が明確にあり、そこに追いつき、追い越せという時、日本人は「ものすごい集中力」「改良・改善への研究心、創意工夫」「滅私奉公の頑張り」を発揮するという文章が、どうして今回は当てはまらないのか。ここに今の日本の深刻さがある。

情報通信の分野、簡単に言うとソフトウェアの開発力が鍵となる分野では、最優秀なエンジニアは「ともかく頑張れ！」「改良・改善せよ！」「私生活を犠牲にして頑張れ！」というような国や企業では働かず、もっと自由闊達で、伸び伸び仕事ができ、ブラックではない米国の急成長企業に転職し、シリコンバレーなどで楽しくやり甲斐のある生活をするようになる。日本に来ようとは全く思わない。日本企業のシリコンバレーオフィスにも行ってみればすぐ微妙なことがわかるので選択肢に入らず、米国企業に入社して大活躍し、人生を謳歌する。

日本人がエンジニアとして使えないのではない。日本企業の閉じた体質・風土では最優秀なエンジニアが活躍できないので、本当に優秀な人材はとっくに米国に行き、そうでもない人材が残っている、というのが実態だと理解している。もちろん、本当に優秀な人材が家庭の事情などで国内に残っていることもあるが、大活躍できる場が提供されているわけではなく、刺激にも乏しいので、劣化せざるを得ない。

ソフトウェアの開発において、「最優秀なエンジニア」は「優秀なエンジニア」の何倍か、へたをすると数十倍生産性が高い。それ以外の「一般エンジニア」との差は、さらに大きい。生産性の差だけではなく、最優秀なエンジニアは今世の中にないものを生み出すことができ、そうでないエンジニアは付加価値の乏しいものしか生み出せない。

しかも、ソフトウェア開発には高価な生産設備がいらないので、誰にでも、どこでもできる。資金がなくてもできる。それがこの分野での急成長ベンチャーが続々と生まれ、爆発的に伸びる理由だ。米国ではそういったベンチャーに際限なくお金が集まるし、また高額での買収もされるので、ますます増える。シリコンバレーはそういった環境が整っているので、イノベーションが起き続ける。最優秀エンジニアも集まり続け、好循環が続く。

インド、中国、ロシアでも、本当に優秀なエンジニアは続々と生まれ、短期間で成長し、大半がシリコンバレーを中心とした米国か、各国に大規模な研究開発拠点を設置した米国企業を目指す（グーグルなどは、各国の最優秀人材をごそっと囲い込み、採用している。もちろん、日本国内でも）。家電や自動車などの設計・開発と違って10〜15年して一人前ということもなく、20歳や25歳で、世界中で使われるプラットフォームを開発するなどはざらにある。

仕事で幸せを掴めばつかむほど、もっと会社で利益を上げようと努力し、貢献し続けることができる。やった分だけ人生がよくなる実感があれば、誰だって頑張れる。子どもでもわかる、好循環のしくみだ。それにも関わらず、日本の企業がそこに向かうことができないのは、なぜなのか。

経営者が号令をかければ変わるというほど、簡単なものではない。製造業を例に上げると、こういう動き自体に反対する製造関係の担当役員、アナログ回路設計命の設計部長、わかりやすく売りやすい箱物に固執する営業担当役員などを説得するにも骨が折れる。

既存組織、既存の人事制度を少し修正したくらいでは、世界で最優秀なソフトウェアエンジニアを採用することはできないだろう。もし入社しても、数日か遅くても数週間で、社内の諸制度にあきれてやる気を失ってしまう。彼らは引く手あまたなので、やる気を失うと、蒸発するようにいなくなる。うまくリードして最高の製品を作らせるような上司になれる人もいないし、言葉をもっとかければやる気を取り戻してくれるとかいうレベルではない。

断固たる決断をし、八面六臂の活躍ができるごく少数の経営者だけが、この舵を取れる。お金を積めば、企業買収をすることだってもちろんできる。しかし、2000年以降、日本企業が数百億円から数千億円払って大失敗する事例が続いている。企業を買収した後の経営統合・経営改善のノウハウがなく、人材流出につながったり、事業をだめにしてしまったりするからだ。こういう失敗があると、ますます周囲の風当たりも強くなる。やはり何もせずに、長いものに巻かれていよう……という気になってしまうのも、今の日本人的感覚を踏まえれば納得できる。こうして経営者が育つ機会も次々と失われていくのだろうか。

日本企業では、さらに大きな問題がある。

大企業には、40歳以上のエンジニアが多数温存されている。15〜20年前には国内で最優秀の理系人材だ。彼らが素晴らしい活躍の場を与えられ、どんどん力をつけて世界的商品の開発に集中していればよいが、実際はまずそういうことがなく、社内の会議を通すための膨大な資料作成、意思決定できない上長のために際限なくくり返しの説明、競合と横並びになるための収益性をあまり考えないラインアップ拡充などに、ほとんどのエネルギーを奪われている。昇進のポジションも減っているので、一度や二度聞いただけでは理解しづらい、よくわからない役職名も生まれている。

また、120％の努力をして仕事で結果を出しても、90％くらいの力で流していても、首になるとかボーナスが数百万円違うといった待遇につながる話がないため、本当の意味での全力を出せない上に、追い込まれることもない。

中小企業も問題を抱えている。日本には、素材や部品などで、世界的シェアを持つ中小企業が多数ある。ただ、大半の中小企業は大企業に対して、経営的にも、心情的にも依存しているため、大企業の業績悪化とともに急降下している。元々利益率が低く、大企業依存が強いため投資家にも評価されにくく、庇護してくれていた大企業も力を落としてきているので、八方ふさがりだ。

ということで、日本は、あらゆる観点からじり貧になっている。根本的な事業構造改革、意識・行動改革を進めなければ、本当にまずいことになるだろう。

第2章では、なぜ考えない人が多いのかという観点から、やる気を阻害する原因についていくつか掘り下げる。ほとんどが、A4メモ書きによって解決の糸口をつかめるものである。

第2章

なぜ考えないのか

「頭が悪い」という思い込み、自信のなさ

「自分は頭が悪い」と言う人が多いと思う。口にはしなくても、自分は頭があまりよくないと思って自信を持てない。体は鍛えることができても、頭がいいか悪いかは生まれ持ったものなので、自力でよくすることはできないと思っている。

多くの人は、成績評価が始まる小学校の頃から「頭が悪い」「成績が悪い」「あなたはどうせダメ！」とか言われ、自信を持てなくなる。親は、自分が小学校の時にどういう成績だったのか、どういう子どもだったのかを忘れたのか、あるいは思い出したくないので忘れようとしているのか、とにかく一方的に子どもを責めたりする。これも大変におかしいことではないだろうか。

私は、色々な判断がきちんとでき、考えることができるなら、その人の頭が悪いとは思わない。答えの質は、考え方によっていくらでも改善できる。地頭の問題ではなく、努力の問題だ。しかし、いつも怒られ、「お前はできない」「これでは不十分だ」と言われ続けていたら、誰だって自分に自信を持てなくなってしまう。できることもできなくなり、おどおどしてしまい、頭が真っ白になったりもする。人が自分をどう見ているのか、いつも

気になってしかたなくなる。こんな状況だと、友達が自分を馬鹿にしたわけでもないのに、馬鹿にされたと勘違いしがちになる。悪意のない言葉にも何かと過剰反応をし、悪循環に陥ってしまうのだ。

本当は頭がいいのに、頭が悪いと思い込まされ、不安や自信のなさに災いされている。自信を持てない結果、いろいろな面できちんと積み重ねるような努力ができない。

これでは、本人はもちろん不幸だし、周囲の人も幸せにはならない。コミュニケーションをスムーズにする努力もできないため、周囲とは色々ぶつかることが多いからだ。こういう人が、他人に対してやさしく接することができず、トゲのある上司になったりする。

「頭が悪いからダメだ」という個人の誤解は、何としても解かないといけない。

一方、小学校から高校までたまたま成績がよく、よい大学に入った人は、自分が他の人より格が上であるかのように勘違いしやすい。ほんのちょっとした違いで、勉強のしかたに慣れている子どもと、失敗ばかりしている子どもの違いが生まれたにも関わらず、そう思っている。社会に出てからの苦労や努力と関係なく、根拠のあまりない優越感に浸っているわけだ。傲慢で、優しくない人になってしまう。こういう勘違いもなくしていかないといけない。

この二つの問題、「頭が悪いと思い込んでいる人」と「頭がよいと思い込んでいる人」は表裏一体だ。

面倒くさいことは嫌

個別に話すと反論されるとは思うが、「面倒くさいことはともかく嫌。色々考えて動くのが面倒」と考えている人が、多いのではないだろうか。

なぜ、面倒くさいという感情が起こるのか。

理由を探し始めると切りがないが、大きく分けると「取り掛かったところで、あまり得をしないのでは」「いろいろな意見があって一筋縄ではいかない、やり直しになる可能性がある」など損することが明らかにわかっている場合と、「今は他に熱中していることがあって、それどころではないのに……」「やらなきゃいけないことがたくさんあって、そこまで頭がまわらないのだが……」といった優先度の問題ではないだろうか。

いずれにせよ、「本当はやりたくないけど、やらなければなくなってしまった状態」にあり、ジレンマをかかえ、なかなか前向きに取り組むことができないわけだ。

最近の日本人に対して私がいつも感じる問題意識がある。ハングリー精神、向上心が弱く、「高い目標に向かって努力して挑戦する」という気持ちを持てない人が多いことだ。大変にもったいない。仕事上や自分のキャリア上、あるいはプライベートで大きな問題があるのに、問題を直視せず、改善しようとしない。

こういうふうに言うと、「いや、もちろん問題意識はある。何とかしようと思っている」と言われる。ただ、口では言っているだけで、現状を変える努力を実際にしている人、飛躍的に成長するため並々ならぬ努力をしている人には中々お目にかかれない。

仕事での成長機会には限界があるということで、自らスキルアップやキャリアチェンジのために、夜あるいは週末の就業時間外に学校に通うまでする人は10人に1人いるだろうか。もっとアグレッシブに、自分の関心・専門性を活かして会社に貢献するための新規プロジェクトを立ち上げたり、国際的なカンファレンスに年休を取ってでも参加し発表したりする人はさらに少ない。自分の運命を自分でコントロールしようと、頑張れないのが実情だ。

日本人は昔からハングリー精神が弱かったわけではない。

第1章でもお話したように、明治維新後や、第二次大戦後から高度成長期にかけて、日本人のハングリー精神は大変に強く、向上心も目を見張るものがあったと思う。それが、長く平和を続け、大国としての豊かさを続けているうちに、牙がすっかり抜かれたようになってしまった。上を目指して頑張っている人も一部にはいるが、全体的に見ると、元気がなくなっている。

世間的には安泰と考えられている大企業に所属している方は、問題意識が若干あったとしても、何とか現状を維持しようとされている。今の仕事、今の生活のまま続いていけばいいと、大半の方が思っている。目先の仕事に追われていて、その仕事を続けることで、会社が競争力を取り戻すのか、根本的に変えるべきことはないのか、自分は仲間や上司を動かしてできることはないのかなどを考えている人は少数派だ。実際にリスクを取り、行動している人はさらに少ない。

もちろん、企業の中でちょっとくらい頑張っても、誰も褒めてくれない。それどころか、場合によっては首が飛ぶことも覚悟しないといけない。そうなると、家族もいる手前、あえて将来の問題について考えることなく、目先の仕事にエネルギーを注いでいるほうがはるかに気は楽だ。

怠惰かも知れない。でも、特別なことをしないほうが、将来への大きな不安があっても、ともかく今は居心地がいい。皆さん、こういう感じではないだろうか。

もやもやする

「もやもや」というのは、気になること、引っかかることが色々あるが、それが何なのかうまく言えず、当然解決もできず、すっきりしない気分が続くことだ。

かと言って、ほとんどは体調を崩したり心の病気にかかったりするほど、深刻な問題ではない。だから病院へ行ったり、カウンセラーに相談するなどの対策を打つこともないのだが、これが頭に貼りついている限り、確実に能率は下がっていく。

何が問題かはっきりわかり、かつ対処できることは希で、通常は嫌なことがあっても、どこをどうしたらいいかわからないとか、そもそも解決できることかどうかもよくわからず、頭の中がもやもやしてしまう。

普段の仕事や生活では、嫌なこと、おもしろくないことがよく起きる。理不尽な要求を突きつけられたりするのは日常茶飯事だ。生活面でも、経済的に苦しいなどの理由で言い争いはよく起きる。友達だと思っていた人から、理由もわからず裏切られた経験もあるだろう。

もやもやを抱えていると気分が優れないし、何をどうすべきかよく見えないので、仕事もあまりうまく進まない。熱意も持ちづらい。企画の検討は、ずっと霧がかかった感じのまま進めざるを得ないし、営業しようにもお客様に対して自信を持って説明することができない。上司がもやもやしていると、部下としてはえらい迷惑であるし、部下がもやもやしていると、上司はどう接していいかわからなくなる。

土日になれば少し気分転換ができるが、本を読んだり週末に出かけたくらいでは何も解決しないので、月曜日になるとまた憂鬱な日が続く。もやもやが勝手に消えてくれることはあまりない。

ほとんどの人は、多かれ少なかれこの「もやもや」でかなりの損をしている。なので、見て見ぬふりはしないほうがよいが、これまでどうやって「もやもや」に対処すればいいか具体的な方法論がなかったため、放置されがちなことだった。

考えることからの逃げ癖

本当は考えれば何とかできるようなことでも、過去の失敗体験もあり、「どうせ、うまくいきっこない」「自分一人が動いても何もできない」「何かやろうとしても、失敗して怒られるだけ」と感じる。結果、考えることから逃げるようになってしまう。

これは、多かれ少なかれ、誰にもあることではないだろうか。年をとるにつれて、考える力、新しいことに取り組もうとする力がだんだん弱まっていることも感じる。それでも日々の忙しさに追われて何もできない。年齢だけが自動的に積み重なっていく。

好景気の一部の会社を除いて、社員の給料が横ばいだったり、大きく減ったりしている。リストラで隣の部署や同期が次々に消えていくことも、決して希ではない。「頼りにしていた上司も最近元気がなくなっているし、もう目先の仕事を何とかすることしかできない」「言われたことだけやっていれば、何とか時間が過ぎるので、新しいことを考える元気がなくなってしまった」、こういう人がずいぶん多い。

家庭内でも同じようなことがある。皆それぞれに生きがいや目標を持って、幸せに満ち溢れた毎日を送っていれば、「新しい家に引っ越しをしようか」「休暇をとって、皆で旅行に行ってみよう」など、レジャーを考える余裕も生まれる。ところが、家族全員がいつも一杯いっぱいの状態でいると、「毎月ちゃんと稼いでいるのだから、文句はないだろう」「終電の時間に間に合うように帰れば、不愉快な顔はされないだろう」など、ぎりぎりでやり過ごすようになり、明るく楽しい暮らしについて考えることは、二の次となる。

要は、集団全体に閉塞感があり、新しいことへのチャレンジや、改善などを考えることから逃げるようになったのではないかだろうか。

ほとんどの人のメンタルやパフォーマンスは、環境に左右されやすい。環境がよければあまり努力しなくても前向きになったりするし、閉塞感のある環境では前向きな人も落ち込んだりする。結果的には現状維持型になり、新しいことから逃げる癖がすっかりついてしまう。

健康的な思考回路を保つためには、環境を整えることが大事だといつも考えている。

皆事情が色々あるから、考えてもしょうがない?

何か提案しても、どうせ無視されるだけだと感じてしまう。新しいことを提案しても、「今までやったことがない」「色々調整が必要」「人手が足りない」などの理由によって却下されることがある。

相手からそういう答えが出てきてしまうと、事情が色々あるのはもちろんわかっているが、結局考えてもしょうがないのか……という心境になる。相手も明らかに自分の立場の維持に汲々としている。ただ、その状況もよくわかるので、大変なんだろうなとは思う。

自分が悩みの種になりたくない、という気持ちもある。余裕を持てなくなってしまった相手に対して、さらに考えさせるような問題を突きつけることになれば、誰だって少なからず罪悪感を持つだろう。自分にとって大切な人であれば、尚更その気持ちも強くなる。

相手の事情に目を向けるということは、相手の立場を思いやることにもつながる。

それは人としてはよい行いではあっても、相手の事情を汲み過ぎると、時として「本質を考えること」の妨げになってしまうことも留意しておきたい。

「考えるな」という周囲からのプレッシャー

集団によっては「今うまく行っているんだから、このままでいい」という意見が大勢を占め、陰に日なたに現状維持を強く要求される。ここで新しいことにチャレンジして失敗したら、それこそ大問題になる。

今やっているルーチンがつつがなく、かつ期限内に終わらせることだけを考えるよう、組織全体が動いている。新しい観点から物事を拡大しようとか、新しいやり方をしようなど、考えさせてくれない。こういった中で、自分から何かを考えて行動するなど「とても無理、無駄」というあきらめが蔓延しているのだ。

「考えるな」という大きなプレッシャーが、やがてその集団全体をダメにしてしまい、そういった集団は、いずれ破滅に向かう危険が高い。

「考えるな」というプレッシャーを与える集団に属する人々の特徴は、二つある。

一つは、「事なかれ主義」だ。何事も従来通りのやり方でよしとする。よりよいやり方が提案されても、何かと理由をつけて握り潰そうとする。社長の指示でもよほどのことがない限り動こうとしない。外部からの提案ならなおさらだ。話を聞く振りをして、延々と引き延ばしを図り、相手が困り果てたころ、相手のせいにして話を終わらせる。

二つ目は、保身だ。自分の保身につながることは、全部よいこととして歓迎するが、その一方、立場を危うくさせかねないことは全力で阻止する。裏から手を回して足をすくったりする。

いずれにしても、自己都合を押し付けている。

自分では考えているつもり

そうは言っても、誰もが自分ではそれなりに考えているつもりだ。

「考えているふりをしていませんか？」

「現状にただ流されているだけでは？」

などと言うと、間違いなく反発される。

そんなこと言ったら相当にまずいことになるし、白い目で見られる。「何えらそうなことを言ってるんだよ」「自分はどうなんだよ⁉」ということで、人間関係にもヒビが入る。

ただ、これらは実態のある反論というよりは感情的なものだと考えられる。

「それなりに考えているつもり」というのは、「一応状況を把握し、どうすべきかを考えたことがある」という状態だと思う。考えたが、現実的な制約を考えると、今はリスクがありすぎて何もできない。それにもっともっと議論が必要ということで、結局何も前には進まない。

一方、「考えている状態」とは、例えば「問題点を真正面から見据え、全社的視点から、方向性と当面の施策を具体的に検討している」という状況で、自分なりに答えが出せており、「考えているつもり」とは雲泥の差がある。

皆、「考えているつもり」で毎日がどんどん過ぎていく。たまにもう少しきちんと考えようとするが、それはそれで壁に当たり、止まってしまう。一応、整理しようとはしているが、期限に追われ、真正面から提案するほどまとまったかたちには到底ならない。定型業務以外で考え、チャレンジすることも長い間なくなってしまったために、考えた経験のない事柄をどう攻めていけばいいか、よくわからないのが実情ではないだろうか。

しかし、わかっていても、もちろん自分では「最大限に考えている」と思っている。そうやって心を満足させ、バランスを何とか保とうとしている。

多すぎる情報たち

課題を解決するために情報収集をしようとすると、今はインターネットでいくらでも調べられる。関連のあるブログ記事、企業のホームページ、関連図書、データベース……何時間調べても、終わることがないくらい情報が溢れかえっている。

収集できる情報が多く、興味深いものも多いので、すぐ何日も経ってしまう。調べれば調べるほど、知見が深まるし、調べ残すと不安なので、中々ストップすることができない。情報収集だけがどんどん進む。

また、テレビや広告など、「調べようという意思を持っていなくても入ってきてしまう情報」も馬鹿にならない。人は知らず知らずのうちに情報過剰になっている。

問題は、情報が多すぎると「考えること」があまりできなくなってしまうことだ。

大量の資料を読んで理解することと、自分の頭で独自に考え、自分なりにどうすべきかを整理し直すこととの間には、考えの深さと理解度のギャップがあり、前者に頼り切ってしまうと頭を使わなくなってしまう傾向がある。少なくとも、使える時間の2割以上は情報収集に時間をかけないようにしないと、肝心の考える時間、独自の視点を構築する時間を大きく奪ってしまう。

それだけではない。自分としてはもう情報収集を切り上げて、もっと考えることに時間を費やしたいと思っても、不意に今までになかった新たな情報が飛び込んでくれば、それらに心を乱されて、情報収集を続けてしまう。情報収集にかける時間が多すぎて、考えることが前に進まなくなってしまう悪い例だ。

過度の自意識

自分が大切で、自分の考え方、今までのやり方を変えたくないと思う。自意識が強すぎて、あまり考えることをしなくなってしまうことがある。これがいいとか悪いという問題ではない。ともかく、自分のやり方についての反省や吟味はしたくない、という気持ちはないだろうか。

過度な自意識を育ててしまうきっかけは、自分がどうみられているか常に気にしすぎていたり、心の底に持つ恐怖感や不安で雁字搦めになり、これ以上の変化を望めなくなっていることだろう。結果として、自分でしっかり考え、課題解決をする、という習慣がなくなっていく。現状維持がひたすら大事になっていく。

そういう人は、自分の殻に閉じこもることが多いため、余計に自分の世界だけで物事が進んでいってしまう。自分が可愛くて、可愛くてしょうがない。「誰かに何か言われるなど真っ平ごめんだ」という感じで思考停止したまま、時間だけが過ぎていく。

当然ながら、外からの刺激もあまりない。外からの刺激を拒否するため、既定路線以外ほとんど何も考えない人になる。そうなると、意識の高い周囲の人とのコミュニケーションに問題が生じてしまう。結果、どこへ行っても孤立する。

第3章

即断即決し、行動する習慣

自分で結論を出す

人は考える動物であり、自分で結論を出すことが、本来は問題なくできるはずだ。

小学生でも中学生でも、ゲームや野球に夢中になったり、好きなことはとことん工夫し、うまくなろうとする。好きだからこそ、自然と攻略方法や上達方法を考えるようになる。誰に言われるまでもなく、自分で考えて行動し、将来の夢を語ったりすることができる。学校の勉強で、好きな教科は自主的に取り組めるというのも、全部同じこと。自分でやり方を考える力は、誰にでも備わっている。

何万年も前から食料を確保し、家や服を作り、文化・文明を創ってきた人の頭は、そのようにできており、成長、発展してきた。それが、いくつかの理由によって阻害されている。例えば、

・やることとなすことを、親や兄、姉などの身近な人が決めていた
・やることとなすことを、いつも上司が決めていた
・やることとなすことを、いつも友達や他の人が決めていた

・自分で決めて、痛い思いをしたことがある
・どうやって決めたらいいのか、わからなかった
・頑張って決めても、自信がないからすぐにぶれていた

などだろうか。自分が決めようとしてもいつも親が口出しをし、ダメ出しをし、進学する学校も、着る服も、結婚相手も、結婚式場も、住む場所も全部決めてしまう、ということはいまだにあるようだ。親でなくても、兄、姉の年齢が離れている場合、家によっては何もかも仕切られてしまい、それに逆らうとか、自分の意見を言うことがはばかられる。

会社では、上司がことの他細かいところまでうるさく、しかもこちらの経験や判断力を全く信用しておらず、一々指示される、ということがよくある。友達関係にも対等というよりは独特の関係があり、どこに遊びに行く、誰と行くなど、仕切りたがり屋の友達が全部決めてしまうこともある。小学校の頃からいつも人が決めるのを待っていた、という人も決して希ではないはずだ。いいとは思わないが、何となくそういう役、立場になってしまった……ということだろう。

関係者が多すぎ、相反する条件がいくつもあって、どう決めたらいいかわからない、と

いうこともある。頑張って決めてみたのはいいが、自信がなく、周囲の信頼も得られていないのですぐぶれてしまう、ということもあるだろう。

こういった経験は誰にでも多かれ少なかれあるはずだ。その結果、自分で結論を出すことを避けるようになってしまう人が出てきてしまう。

頑張って結論を出してみるとよくわかるが、何事に対しても、すぐ結論を出すか、結論を出さずに引き延ばすかは、本人の「決め」と「習慣」の問題だと思ったほうがいい。

「決め」というのは、「ある程度情報収集をし、検討もしたら、気にし過ぎずに決めてしまおう」という意味だ。結論を先延ばしにすることで答えの精度が上がることは、ほぼない。必要な検討はされているし、もっと時間をかけても細かな情報が加わるだけで、全体像が変わるわけではない。先延ばしにしても、対応が遅れて問題が大きくなったり、無為に時間を過ごすだけだ。「精度を上げるため、結論を持ち越す」というのは、ただの逃げに過ぎないことが多い。

「習慣」というのは、「ある程度情報収集をし、検討もしたら、即座に決定して行動に移そう」とか、「慎重にしたいことは結論を出しても一晩寝て、翌朝に決定しよう」など、自分としての決定パターンを作り、ある程度それに習うようにする、ということだ。これがないと、その時の気分でだらだら引き延ばしたり、思いついたように動いたりしてしまう。習慣化できるものはできるだけ習慣化しよう。そのほうが余計な気を使わず、淡々とかつ確実に進めることができる。

結局、自分で結論を出すことは、難しい話でも何でもない。これまで人に依存していた人でも、一度自分で結論を出すようにしてみると、実はこのほうがよほどすっきりすることがわかる。自分でまず結論を出し、重要度と必要度に応じて周囲に相談しながら進める習慣を身につけると、気分が断然いいし、好循環にもつながっていく。

A4メモを毎日10ページ書き続けると、頭が常に整理され、もやもやもなくなるので、すぐ結論を出せるようになる。例えば、

・自分は今、何が気になっているのか（メモ2）
・なぜもやもやするのか
・何が一番嫌なのか
・どうすればやる気が出るのか
・今、何が問題でどう対処すべきなのか

・このプランのメリット・デメリットは何なのか
・今すぐやるべきことは何で、2ヶ月以内にやるべきことは何なのか
・自分は今何をすべきで、上司にはいつどのように相談すべきか

などのタイトルのメモを次々に書いていく。あるいは、

・転職すべきかどうか
・自分は、本当は何がやりたいのか
・元々、この会社を選んだ動機は何だったのか
・なぜ、この会社で働きたいという気持ちが変わってしまったのか（メモ3）
・思ったように成長している実感がないので、気持ちが揺らいでいるだけではないのか
・転職について、何を調べるとよいか
・転職について、誰に何を相談すべきか

などのメモを書くことで、今自分が何についてどう考えるべきか、自然に浮かぶように

メモ2

結論を出すにあたり、何が気になっているのか　2015-2-1
― いろいろな案は浮かんでくるが、正解かどうか自信がない
― もっといい案があるかもしれない
― まだ知らない情報があるかもしれない
― 失敗したらどうしよう

メモ3

この会社で働きたいという気持ちが変わってしまったのか　2015-2-1
― 社風が合わないことに気が付いた
―上司とそりが合わない
― 希望しない業務ばかり回ってくる
― 経済的に、今の給料ではやっていけない

なるだろう。

慣れてくると、あまり苦労せずにいつもメモを的確に書けるようになる。散歩をする時、右足を出しながら左手を出す、といった基本的な動作を一々考えずにできるように、課題を整理し、結論を出すことがあまり苦労せずできるようになる。

判断に時間をかけ過ぎない

「拙速」という言葉は「早くやっても質が低下してはだめだ」という意味で使われる。ところが、検討や判断に関しては「時間をかけたらよい判断ができる」とは限らない。「慎重に検討する」「時間をかけて検討する」というと一見よさそうな感じだが、ここには大きな落とし穴がある。多くは「検討の時間がただ長い」とか、「検討のスピードが遅い」、あるいは「検討に着手するまでの段取りに時間がかかる」など、実際の検討の質が高いわけではない。

決めたくないばかりに、必要以上に検討時間をかけることも、やたらと多い。

ベンチャーや個人事業主であれば、そういうことを言っていると、すぐ会社がつぶれる。ところが大企業やのんびりした中小企業、あるいは公共機関で働いていると、上司も部下も緊迫感がなく、延々と時間をかけるし、それに対して誰も文句を言わない。人件費がかさむ上、意思決定が遅れて失敗の可能性が高くなるにも関わらず、時間だけが経っていく。

そんなことに時間をかけるくらいなら、「さっさと情報収集し、決断し、実行してみて、それで違ったらすぐ修正する」というやり方のほうがよほど健全だし、前に進みやすい。

情報収集から実行までの時間が短いと、古い情報に基づいて時期遅れのやり方をしてしまうリスクを減らすことができるし、同じ時間内でPDCAサイクル（プラン、ドゥー、チェック、アクト。計画・実施して、結果を確認して、修正する）を何度か回すこともできるので、ミスにすぐ対応したり、急速に改善したりすることができる。

通常、延々と議論するよりも、さっと検討して速攻で動いたほうが無駄はないし、対応が早いため、状況の悪化を防ぐことができる。ケガで言えば、出血を素早く止めることができる。いずれにせよ、緊急で手当をすることが不可欠で、並行してより本格的な再発防止策を検討し、実施することもできるようになる。

例えば、ネット上でスーパーマーケットを運営している場合を考えてみよう。

月初のセールを始めたところ、新規に導入した注文システムにバグがあることが開始二日後にわかった。「3個購入したら、1個おまけ」というセールにも関わらず追加の1個も請求されるというお客様の気持ちを逆なでするようなミスで、多数の苦情が殺到している。こういう時は、
・苦情を仰ったお客様には謝罪し、即座に返金
・セールをいったん中止し、ウェブに謝罪を掲示
・コールセンターでは、状況説明の謝罪文を用意し、説明
・注文システムのバグの状況を特急で調べ、何日程度で対策できるかどうか確認
・対策でき次第、再発しないことを慎重に確認し、セールを再開
が緊急の手当として必要となる。並行して、バグの理由、デバッグ体制をくぐり抜けた理由を分析し、本格的な再発防止策を打っていく。

小売業、流通業などであれば、ここまでを最速で進めるのが当然だが、業界の構造変化など、深刻な問題があってもそれが差し当たり徐々にしか影響しない場合は、判断を一日一日先延ばしにし、結果として手遅れになることも多く見られる。他の業種にいたって

は、もっと悠長なところがいくらでもある。判断に時間をかけすぎず、前進させるべきなのは言うまでもない。

判断に時間をかけ過ぎてはいけないもう一つの理由は、実際のところ動いてみないとわからない問題点や改善策が、ずいぶんたくさんあるということだ。一度にすべてを考え抜く、推理する、ということは大変だし、普通はそこまでうまくできない。だいたい検討して「よしこれで行けそうだ」となったら、失敗のリスクを考えた上で後はやってみるしかない、ということになる。やってみて初めて道は開ける。

注意すべきは、こういった判断に慣れている人はツボを押さえているが、慣れていないととんでもないポカをすることがあるということ。最初のうちは、できるだけスピーディーな判断に慣れた相談相手を見つけて、確認しながら進める必要がある。フォローを受けながら、判断に時間をかけすぎない習慣を付けていく。

心がければ、ほとんどの意思決定は、今より数倍早くできるようになる。早くする努力をしなければもちろん改善されないが、意識しさえすれば格段に早くなる。そして精度は必ずしも落ちない。

環境がダイナミックに変わる業界では、さっさと動かないほうが、よほどリスクがある。例えば、eコマースであれば新サービスや送料無料化などの動き、スマートフォンであれば、審査基準の強化などは、常に注目し直ちに対応しないと、売り場からの取り下げや、取引そのものの停止なども容易に起きうる。したがって、この習慣が成功の秘訣になる。

決めたら行動する

いったん決定したら、ぐずぐずせず行動に移すのがよい。どうしても、

・やろうと決めたのに、躊躇して何度も止まってしまう
・やろうと決めたのに、怖くなって少ししかやらなかった
・やろうと決めたのに、怖くなって途中で前に進めなくなった

などありがちだが、これは大変まずい。行動直前に躊躇すれば当然、準備不足や初速不足、完成度の低さなどにより失敗する可能性が高くなる。

失敗が怖くておじけづき、そのためにうまくいくはずのものも失敗する。業界のキー

パーソンが皆乗り気だったのに、共通プラットフォームを打ち上げる直前に提案を引っ込めたり、社内で新事業企画を進めていたのに、役員の一言で投資額を大幅に減額した案に変更したり、ビビったことをしがちだ。

そういう事態を引き起こさないためにも、決めたら行動するように仲間同士でお互いコミットして進めるとか、友達に背中を押してもらうとか、メモを多数書いて迷いをなくす必要がある。

「決めたら動く!」「やる時はやる!」だ。

チームで進めていれば、少しくらい迷いが生じても簡単にやめるとは言い出せない。精神的に辛くても、何とか頑張ってやり抜くことができる。自分の性格をよく知っている友達に事情を話し、折に触れ、活を入れてもらうこともかなり有効だ。

メモを多数書くと、自分が今何をしようとしているのか、どんなリスクがあるのか、今やめたら逆にどういうリスクがあるのか、そういったことがより明瞭に見えてくる。

「決めたら行動する」ために大事なことは、

・一度やると決めたら何としても実行する

・始めたら、ともかく無理をしてでも駆け抜ける
・走りながら、周囲の状況はよく見る
・くじけそうになったら、改めてA4メモに悩みや迷いを吐き出す
・それでもくじけそうになったら、手遅れになる前に先輩などに率直に相談する
・どうせやるなら、全力疾走する。おっかなびっくりでやらない

ということだ。「注意を払いながらだと、ゆっくりしか走れない」「全力疾走すると、周囲の状況には注意を払えない」という人がいるが、これは単なる言い訳。そういう言葉に自分自身が流されないようにしたい。

注意を払いながらでも、十分早く走り続けることはできる。目の前のタスクに取り組みながら、周囲で何が起きているかを見ることは、もともと人に備わった能力で、すぐ習慣化ができる。数千年前から、人はそうやって活動し、成功し続けてきた。自分が勝手に「ゆっくりしか走れない」と思い込んでいるだけなので、いったんはその思い込みを取り払ってみる必要がある。

全力疾走していても人の目、耳、頭は十分機能している。

メモ4

このプロジェクトがうまくいく根拠	2015-2-1

―実績があり、成功する確率は高いというデータがある

―この計画よりいい案が浮かばない

―取引先もぜひやりたいと言っている

―問題が起きた時の対処方法も充分考えられている

メモ5

プロジェクトの実施をやめたら、逆にどういうリスクがあるのか

2015-2-1

―取引先の信用を失う

―他のグループが先にやってしまうかもしれない

―会社に貢献できない、自分の責任を果たせない

―今後着手できる可能性は、ほぼなくなる

問題なく周囲の状況に注意を払えるので、決して安易な方向へ妥協しないようにしたい。これもあくまで習慣の問題だと肝に銘じること。

人を巻き込んで一緒にやる

何をするにも、一人でできることには限界がある。

人を巻き込んで初めて、大きなことができる。高い目標であればあるほど、多くの人を巻き込んで進めることが、どうしても必要になる。「もう何人にも話したが、誰にも理解してもらえない、通じない」と諦めるのはまだ早い。想いがあれば、想いが強ければ、必ず賛同してくれる人が出てくる。

人を巻き込んで何かを一緒に成し遂げるには、

・人がわくわくし、共鳴できるビジョン、目標
・ビジョンを実現するステップがある程度見えており、一緒にやればできそうだと感じさせる
・とくに当面何をすべきか、明確な計画がある

・参加した時、自分がどういう役割を担うのか、十分想像できる
・参加すると楽しそうだ、充実しそうだと思える
・何人も参加するので、自分だけが目立つわけではないと思える

などが大切だ。一人よがりではなく、皆が賛同しやすい絵を見せてあげることが鍵となる。

最初は皆、疑心暗鬼なので、「ここに参加すると何かよさそうだ」「ここに参加しても不都合なことは何もない」という雰囲気作りを重視すること。

しかし、想いが過剰になりすぎたり、片寄ったりしていて、人に理解してもらうことをほとんど考えない人が多すぎる。そういう人は、「どこからどう見ても、これだとわからないよね」と言いたくなるような説明、プレゼンテーションを平気で行う。

説明やプレゼンテーションは、伝える側の自己満足ではない。聞き手にどう理解していただくか、どう共感していただくかがすべてであり、本質だ。仕事上でも、趣味の世界でも、誰かに想いを伝えることでも、言いたいことをただ言うだけだと、決してうまく伝わらない。そこにあるのは、

・相手が何に関心を持っているか、理解しようという気がないことが露呈し、がっかりさせる
・この人は自分勝手だ、自分のことしか考えないと理解されてしまう
・相手の理解度を把握していないので、効果的な説明ができない

といった問題だけだ。注意してほしい。

こちらに高い目標と、実現への熱意・誠意があれば、必ず何人かの人は協力してくれる。金銭的な対価というよりは、「素晴らしい活動に参加し、貢献したい」「この人を支えたい」と自然に思ってくれるからだ。リーダーが高い目標を掲げ、世の中に大きく貢献できるよう熱意を持って取り組むことで、最初は理解されない場合もあるが、結局は多くの人が協力してくれる。その時、1＋1が3ではなく、5にも10にもなっていく。「人を巻き込んで一緒にやる」とはそういうことだ。

何か新しいことを始めたいと思う人は、「人を巻き込んで一緒にやる習慣」をぜひ身につけていただきたい。習慣になれば、自然体でできるようになり、再現性が非常に高くな

る。できたりできなかったりではなく、必ずできるようになるし、大きな成功につながる。結果が出れば、チームでの達成感にもつながり、さらに高い目標に向かって邁進することができる。

チームを動かす

チームを動かすには、チームが向かっている方向を示し、メンバー一人ひとりにとって、それが個人的にも意義あることだと思ってもらえるようにする必要がある。

苦手な分野を努力してやってもらっても、中々うまくいかないし、チームに悪影響を及ぼすこともある。メンバー一人ひとりの関心がどこにあるか、強みや成長課題はどうかを把握し、得意な分野で活躍してもらう。メンバーの関心については、

・本人が何に強い興味を持っているか
・他の仕事を切ってでも、取り組みたいと思っているのか
・一部の仕事として、関心を持ってくれているのか
・技術面に関心を持っているのか

・事業として強い興味をかき立てられているのか

などを把握するところから始まる。プロジェクトの内容に純粋に関心を持っているのか、プロジェクトを進めようとしているリーダー、あるいは参加メンバーと仲良くなりたいのかなど、微妙な部分も全部把握する必要がある。それによって、推進のしかたがかなり変わってくるからだ。

また、メンバーの関心が大きく動くタイミングは、

・プロジェクトが始まる前
・始まった後に、うまくいき始めた時
・プロジェクト初期に、かなりの壁にぶち当たった時
・プロジェクト後半で、やればやるほどいい結果が出ている時

などだ。それについても、最初に安心せず、きめ細かくフォローする必要がある。色々落とし穴があっていつ転げ落ちるか、いつ空中分解するかわからないからだ。

やる気がそこまで強くなさそうなのに、なぜか参加してくれるメンバーもいる。こういう人は意外に途中から活躍してくれることがある。気持ちが空回りせず、慎重に様子を窺っているところがあるからだ。

メンバーの強みの把握は、各タスクの割り振りのしかたに大きく影響するので、重視して行う。やはり、人は得意なことをやっている時に一番力を発揮し、輝く。難しいことが苦もなくできたり、仕事が非常に速かったり、何かと助けてくれる人脈も豊富に持っていたりする。一方、苦手なことを無理にやってもらっても、結果は出づらいし、それが理由でお互い責任のなすりつけや、誹謗中傷が始まることもよくある。プロジェクトの最初は、あまり無理をしないほうがよい。結果が出始めれば、もっとリスクは取れる。しかし、最初は無理をせず、少しでも早めに結果を出すことに集中することだ。

メンバーの強みの例としては、

・プロジェクトマネジメントがきっちりできる
・いつも明るく、チームの雰囲気をよくしてくれる
・メンバーをまとめるのが得意

・情報収集力が大変に強く、常に重要な情報を掴んで共有してくれる
・資料作成が得意
・企画力が非常に優れており、過去にヒット作をいくつも生み出した
・大規模システムの構築・運用実績がある
・営業力が高く、顧客の気持ちを把握する力に長けている

などがある。そういった本人の強みをできるだけ客観的に見て、どうすれば一番活かせるかを考える。

強みを把握するには、仕事を一緒にしたことがあればそれが参考になるし、そうでない場合は、かつての仲間に聞けばよい。また、本人と個別に面談して、「何がやりたいのか」「得意なことは何か」などを聞けばいくらでも話してくれる。

成長課題に関しては、

・一人だと結構仕事ができるのに、人と一緒にやるのは苦手
・普段は穏やかだが、ストレスがあると感情の起伏が激しい

・他のメンバーに対して、ついネガティブなことを言ってしまう
・情報収集にあまり熱心でない
・企画力が弱く、新しいものを生み出すのが得意ではない
・営業力は大変に強いが、技術面の理解が低く、顧客の信頼を失うことがある
・数字がかなり苦手
・定性的な議論は全く問題ないが、定量的な話になると数字への苦手意識が足を引っ張る

などになる。これも、できるだけ前の仲間や上司にヒアリングする。本人とも面談をするが、成長課題に関しては、あまりわかっていないことが多い。微妙だと思ったら、最初のうちはとくに注意して仕事を割り振り、かつきめ細かく観察する必要がある。放置すると、ほぼ確実に失敗する。

成長課題は、実際に弱い場合と、過去の上司との折り合いが悪くて伸ばす機会がなかったものの筋は悪くない、という場合がある。後者の場合、適切なガイダンスで急速に成長する。成長を実感するメンバーがいるとプロジェクト全体に好影響を及ぼすので、ぜひこの機会をとらえたい。

チーム全体として最大の成果を出すには、

・どんな小さなことでもいいので、できるだけ早く、成功事例を作る
・PDCAサイクルを最速で回し、不断の改善をやり続ける
・ビジョンを定期的に確認し、必要に応じて修正する
・強みをできるだけ活かした役割分担にする
・メンバーに適材適所で活躍してもらう
・チーム内のコミュニケーションの手段、頻度、細かさなどのルールを最初に決め、徹底する
・ポジティブフィードバックを行動規範とする

などが重要になる。とくに、ポジティブフィードバックをどのくらい徹底できるかがチームの生産性向上に大変重要な役割を果たす。ポジティブフィードバックとは、褒めたり、ねぎらったり、文字通りポジティブなフィードバックをすることで、状況によって以下のようにする。

・よい結果に対して、すごく褒める
・小さなこと、ちょっとしたことでも、よいことに対しては躊躇なく褒める
・結果が今一つでも、努力に対して感謝する、ねぎらう
・結果が全くダメでも、「こうやったら次回はうまくいきますよ！」ということを伝え、励ます

ポジティブフィードバックをする上で一番難しいのは、「結果が今一つでも、努力に対して感謝し、ねぎらう」「結果が全くダメでも、『こうやったら次回はうまくいきますよ』ということを伝え、励ます」ことだろう。どうしてもダメ出しをしたくなる。文句を言いたくなる。「最初からこうしろよ！」「失敗ばかりせず、早く挽回してくれよ！」と言いたくなる。そういう気持ちを持ったら、確実に逆効果だ。怒りが必ず顔に出て相手を萎縮させ、ポジティブではなくなってしまう。

人は誰でも褒められると嬉しい。もっとやろうという気になる。褒めてくれる人のために頑張ろうという気が自然に湧いてくる。

日本の男性は、ポジティブフィードバックが本当に下手だ。自分が褒められたことがあまりないので、「そういう自分が上司として褒めたら損だ」とか、「部下を褒めたら上司の面目に関わる」とでも思っているようだ。褒めることと甘やかせることを混同していて、褒めると調子に乗るとか、つけあがる、と本気で思っている。

そこまでひどくなくても、普段から部下や仲間のよいところを見つけて褒める習慣が全くないので、かなりしつこくお尻を叩かないとポジティブフィードバックをしない。

私のお勧めは、毎日10回ポジティブフィードバックをするよう、どこかに正の字を書いてカウントすることだ。部課長やリーダー層を集めて競うようにすると、何とかやり続けることができる。

頑張ってくれたことに対して、感謝の気持ちとねぎらいの気持ちを心の底から持たないといけない。そもそも、うまくいかなかったのは、メンバーの責任というよりはリーダーのガイダンスが悪かったからではないか。つまり、リーダーの責任であり、うまく進めることができず恥をかいたメンバーは、むしろ被害者とも言える。過大なストレスを感じ、自信と面子を失い、ずいぶん不愉快な気分になるからだ。

ポジティブフィードバックを心がけることで、チーム内の雰囲気が明るく前向きになるので、情報共有も立ちどころに行われ、迅速に行動することができるようになる。

行動力とスピード

先ほども少し触れたが、いざ行動する時は、できるだけ迷いを持たずに行動するようにする。

迷いながら進んでもいいことは全くない。迷いがあると集中できず、普通ならできることもできなくなり、壁にぶつかってしまう。行動力を鍛えるのにもA４メモ書きが役立つ。

・少しでも気になることは、全部A４メモに書き出す
・何に迷うのか、迷うと何かいいことがあるのか、悪いことがあるのか書いておく
・起きそうなシナリオを何種類も書き出しておく（メモ６）
・最悪、何が起きるかを書いておく
・誰かが何か文句を言いそうな言葉を、先に全部書いておく

などだ。迷いがゼロになるわけではないが、考えるべきことがかなり明確になる。すっ

メモ6

計画を実施することで、どんなことが起こるのか　2015-2-1

ーさらにいい方法、安くなる方法を求められる

ー取引先から無理難題を押し付けられる

ー断られる

ー新しい案件の発注がくる

きりした状態で前に進みやすくなる。

ゴルフやテニスと同じで、いったんそこでボールを打つと決めたら、その後は悩まずに打ち抜かないとトップスピードは出せない。

何でもそうだが、世の中は先手必勝。誰よりも早く動くことで先に失敗し、それを活かして改善すれば、勝てる確率は格段に高くなる。行動力とスピードが伴えば、成果は出しやすくなり、自信にもつながるはずだ。

さて、何とか動き始めたら、進んでいる方向が本当にいいのか、もっとよくできることはないのかを短時間で確認し、また進めていく。すると、「次はもっと

こうやってみよう」と、アイデアもどんどん湧いてくる。こうやって、行動しながらでもアンテナを立て、情報収集をし、行動の内容を吟味するようにできれば、必ず成功するようになる。この人はできると周囲が思うようになれば、相談したいという人が増え、頼られ、驚くほど情報が集まるようにもなるだろう。

慣れてきて、さらにスピードを上げることができれば、同時に先が見えるようになり、好循環が起きて、一層の行動力がつく。これは車の運転と全く同じだ。免許取り立ての時は、目の前が気になり、ハンドル操作も、アクセルやブレーキの位置も気になる。追突しないか、標識を見落とさないか、一方通行を逆に走っていないか……心配だらけだ。ところが、慣れてくると、高速道路を苦もなく走ることができ、しかも前の車との車間距離を十分取りつつ、前の前の車のブレーキ操作などにも気を配れるようになる。スピードを出し、かつ同時に前も見えるようになり、速く安全に運転できるようになる。基本動作を組み合わせた、高度なレベルの習慣ができる。

ちなみに、仕事のスピードは人によって千差万別だ。企画書など、早い人は数時間で完成し、遅い人は2週間経ってもまとまりがなく、ほとんど使えない資料しか作れない。情報収集も、早い人は1時間程度でかなり質の高い報告書にまでまとめることができるが、遅い人は何日かけても大ざっぱな情報収集しかできない。

つまり、行動力とスピードが伴わない人は、実施したプロジェクトの結果や成果云々の前に、人の役に立つ働きができない。期待に応える仕事ができないのに、勤務時間だけは人一倍長くなる。自分のためにも、周囲のためにも、そして生きていくためにも、頭を整理して、能率を徹底的に上げていく必要がある。

行動する習慣の価値

「行動する習慣」を身につけると、動くことが楽になる。自然な流れで動くことができるようになり、

・動くべきかどうか迷わないので、精神的に楽
・迷い過ぎて疲れてしまう、ということがない
・リーダーが迷うことでメンバーが右往左往する、ということがない
・メンバーも当然のようにテキパキ動くようになり、好循環が生まれやすい
・早く動けるので、想定外のことにも早く対応できる

・成功の確率が非常に高まる

ということになる。「やるかやらないか」迷う状況が一番エネルギーを無駄使いするし、周囲に波風を立てるので、「行動する習慣」はぜひとも身につけてしまいたい。一度習慣化すると、いつ何をするにもスムーズになる。

習慣になっていないと、

・動くべきかどうか迷う
・迷い過ぎて疲れる
・自分が先頭に立ってやるべきか躊躇する
・メンバー間でいざこざが起きる
・始めたのはいいが、できれば一抜けしたいという気にもなる
・検討不足のところが気になって、気が気ではない

ということで、失敗のリスクが一気に高まる。あまり意味のないことでもストレスを感

じてしまうし、リーダーが不安定では周囲も見ていられない。そうなると、成果を出しにくくなったり、仕事のスピードが上がらなくなったりする。

いろいろな懸念はあるかもしれないが、結局は「動かなければ、何も始まらない」のだ。現状維持を打破したいと考える限り、方法はどうあれ動くこと。すべてはそこから始まる、これは紛れもない事実だ。

「行動する習慣」を身につけるのは、実はそれほど難しいことではない。先にもあった「決め」と「慣れ」の問題だ。腹をくくれば意外に誰でもできるようになる。

ちなみに、A案とB案のどちらを採るか悩んでいる時は、実はどちらでも大差ないので、サイコロでもじゃんけんでも占いでもやってさっさと決め、行動に移すほうがよい。さんざん悩むという時点で、両案のメリット、デメリットは僅差だと考えられる。悩む場合は、どちらでもいいから行動し、改善をくり返すほうがずっとよい。決めと実行のスピードのほうが大切だ。

また、計画ももちろん大事だが、実行のほうが何倍も難しく、かつ価値がある。エネルギーのかけ方で言えば、「計画：実行」に対して、「2：8」どころか「1：9」くらいで、ちょうどよい。企業の新事業や既存事業改革を見ると、エネルギーのかなりの部分を計画段階で使っている。実行段階が尻すぼみになっていることが多いので、大変にもったいない。

いざ実行すると、多くの発見がある。なので、ある程度検討した後は、あれこれ心配して議論し続けるよりは、動いてみるほうがよほど生産的になる。

行動することが普通になり、動かないと体がむずむずするようになると本物だ。この習慣が完全に身についていると言える。

第4章

人は誰でも前向きに考える力がある

人は皆、頭がいい

第2章でもお話したが、人は皆、学歴、職業等に関係なく、誰でも頭がいいと私は考えている。「何がよくて、何は悪いか」「どうすれば、もっと多くの売上を上げることができるか」「どうすれば、チームの生産性を上げることができるか」「どうすれば、家庭内のコミュニケーションを改善することができるか」など、いつも何か考えており、案も持っている。

ここでは、頭が悪いと思い込ませる周囲の発言やプレッシャーについてではなく、当人自ら頭が悪いと思い込んでしまう現象について少し触れてみたい。

頭がよくないと思い込んでしまうのは、「試験のための勉強」という特殊な世界にうまくアジャストできなかったから、ということもある。

例えば、中学で誰もが学ぶ「扇形の弧の長さ、面積」や、「連立方程式」を、技術者以外の人が社会人になってから一度でも使ったことがあるだろうか。数学が得意な人はおもしろくてしょうがなかったかも知れないが、これとその人の人間的な価値や「仕事・生活上の頭のよさ」とは別問題だ。試験でいい点が取れなかったことが大学受験に影響し、その後何十年も「自分は頭がよくないから……」と思い込んでいるのだとしたら、実にもったいない。

また受験勉強の大きな落とし穴は、テストの点数を上げるテクニックに走るため、「真実を追求し、自分の世界が広がる」という、最もエキサイティングで重要なことを、二の次にしてしまうことだ。

勉強は本来ものすごく楽しいものだが、ほとんどの人は苦行と感じている。しかも、受験勉強では、「人として立派かどうか」「他の人のためになるか」「自分に自信を持ち、もっと頑張ろうと思えるようになるか」というはるかに大事なことが、全く強調されない。それどころか、ほぼ完全に無視されている。

受験勉強は選抜の方式として機能してきたが、マイナス面が大き過ぎるのだ。米国の場合、大学への入学は、そもそも受験勉強ではなく、高校の成績、SATなどの共通テスト、推薦状、小論文（課外活動や人格の評価）から総合的に評価されるので、こういった問題は少しだけマシなようだ。

無味乾燥に見えてしまった学校の勉強以外で、色々なことに好奇心を持ち、本を読み、本当の意味の勉強をし、充実した人生を生きていればそれでいい。何の問題もない。前向きに考えて、自分の生活、仕事をよりよくしていくことができる。立派な判断ができるようになるはずだ。

このように、ほんの断片的なことで、前向きに頑張ろうという人の気を削ぐとんでもない仕組みが、少なくとも日本社会にはできあがっている。これこそ変えていかなければならない問題だと思う。

「自分は頭がよくないから」といったセリフを聞くことも多いが、そういう言い方をしておくほうが日本語の会話としてやりやすいからという事情も大きい。日本語独特の卑下した表現だ。英語で"As I am stupid, I think……"というような言い方は決してしない。

「頭が悪い」と思ったり、口にしたりすると、自然な成長意欲を削ぐことになる。「頭がよくないから、しょうがない」「頭がよくないから、よくわからない」という逃げにもつながる。こういう間違った概念が、社会全体としていかに生産性を下げることになっているか、人の尊厳を傷つけているか、人の前向きな気持ちに悪い影響を与えているかということを考えると、極めて残念だと思う。

ただ、頭は皆いいが、じゃあうまく頭を使えているかというと、大きな改善余地がある。

第一に、自分が自分をコントロールできなくなっている状況。頭はコンピュータと違い、気になることがあると途端に機能低下する。人の思考は、「心」に影響力されることを忘れてはいけない。

第二に、人の話を聞くのが怖くて頑なになったり、内容ではなく相手に反対することが目的で反論すること。人の話に合意すると、自分のこれまでの努力や生き方を否定されるのではないかと、勝手に身構えてしまうようだ。こうなると、本来的な頭のよさとは関係なく、頭が動かなくなる。というか、動かそうとしなくなる。

第三に、他人に向かってやたらと攻撃的になること。学歴を鼻にかけたり、人を馬鹿にしたり、罵倒したりして、自分が優位だと確認したがる。

第四に、自己防衛本能や思い込みで反応してしまう状況。自分が本当はどう考え、どう感じているかではなく、条件反射で有名な「パブロフの犬」のように、ただ反応してしまう。全くもって考えてはいない。

第五に、気持ちは落ち着いているし、とくに自信がなくて困っているわけではないが、普段からあまりに本を読まないとか、物を考えていないために、頭がすっかりさびついていること。頭をいっさい使っていないために、本来の能力を発揮できないケースだ。

これらを理解し、ある程度の努力をすれば、人は誰でも本来の頭のよさを発揮することができるだろう。

ちなみに、プロの囲碁・将棋の棋士、チェスプレイヤー、理論物理学者、数学者、天才プログラマーと言われる人の頭はかなり特別だと思う。常人の何十倍もよく動く。ただ、そういう人が普通の仕事がよくできるかというと、決してそんなことはない。会社の仕事に関心を持てなかったり、賢すぎて働く人の気持ちがよくわからなかったりするからだ。会社に入ってリーダーシップを発揮できるかというと、多分そう簡単でもないだろう。

こういう人達は単にある能力が特別に優れているだけで、普通の人の頭が悪い、ということでは全くない。

メモに全部吐き出せば、前向きになれる

誰にでも、時々は不愉快なことが起きていると思う。そういった不愉快なことこそ、全部A4メモに吐き出すといい。日記帳に延々と書き連ねるのではなく、あくまで一件一葉でA4メモに書く。ここで簡単にその方法を振り返ろう。

嫌な気持ちをメモのタイトルに書き、それに関して4〜6行、できるだけ各20〜30字でさっと書く。そして、頑張って1ページを1分か、最大でも1分15秒程度で書くこと。書

くべきタイトルは、例えば自分の上司である課長だとして、

・課長は、なぜ会議の結果を教えてくれないのか？
・課長は、どうしてすぐ不機嫌になるのか？
・課長は、こうやれと言っておきながら、どうしてそれをすぐ忘れるのか？
・課長は、どうして他の人には怒らないのに、自分にだけ怒鳴り散らすのか？
・課長は、どうして部長にあれほど媚びるのか？

というようなものになるだろうか。そして、最初のタイトルに関してのメモはこんな感じになる（メモ7）。

また、親友との関係に関して書くとすると、親友が○○さんだとして、

・○○さんは、なぜ私のすることに一々口出しするのか？
・○○さんは、どうして私が誰かと仲良くしようとすると、悪口を言うのか？
・○○さんは、どうして私のメールに返信しないことがあるのか？

・○○さんは、なぜ最近よそよそしいのか？
・○○さんは、なぜ最近、自分の自慢話ばかりして私の話を聞いてくれないのか？

といったタイトルについてのメモを、全部吐き出していく。

メモに書くことを「吐き出す」と表現すると一番ぴったりする。不愉快なことも、何となくもやもやすることも全部吐き出す。人に見せるわけではないので、思う存分、どんなに悪いことでも書くようにお勧めしている。それにより、「悪口を言いたい気持ち」と「人には言いたくない気持ち」の両方を一度に満たすことができる。

また、ものすごくカッとなっていても、数十ページ書くと、これ以上書きたいという気持ちをあまり感じなくなる。十分吐き出したので、もうこれ以上書かなくてもいい、という感じだ。友達をつかまえて愚痴を延々と言っている人もいるが、それとの大きな違いは、紙の上に書くことで自分が何を言っているのか、いったい何に反発しているのかをはっきり認識し、自分の目で確認することにある。

友達をつかまえて「ねえ、聞いてよ。ひどいんだから」「もう絶対に許せない」となると、数時間以上の愚痴になり、相手も付き合いがあるので聞いてはくれるものの、疲弊メモ7　タイトル：課長はなぜ会議の結果を教えてくれないのか？

課長はなぜ会議の結果を教えてくれないのか？　2015-2-1

ー会議の内容は私に直接関係あるのに教えてくれない

ー前は割とすぐ共有してくれていたのに、なぜ変わったのか

ー共有しない理由が全く思い当たらない

ー遠慮していたが、月曜日に思い切って言ってみよう

ーただ、詰問調にならないように気をつけないと

し、ストレスになる。こちらも「すっきりした」とその場では感じても、とくに何か変わるわけではないので、思ったほど心の整理にはならない。その場しのぎが終わって思い出すと、また不愉快になってくる。

どんなにひどい目にあって、思いっきり悪口を言いたくても、それはそれで口の固い相手を選ばないといけないし、「悪口を言うのは嫌だ、相手と同じレベルに落ちてしまう」「あれこれ悪口を言う自分が、あんまり好きではない」という気持ちも少なからずあるので、中々すっきりしない。結局、メモに数十ページ書き出して整理できるのとは全く違っ

たものになる。

「メモに書くこと」と「話すこと」は、吐き出すという意味において一見同じだが、メモに書くほうは、「頭で考え、手に指令して書き、書きながら目で確認する。書いたメモが目の前に溜まっていく」というプロセスになることが、話すだけとは決定的に違う。

30分で30ページ前後のメモを書くと、多分もう言いたいことは全部言った、吐き出した、という感じになる。しかも、ある種の達成感がある。不愉快なことに対してむやみに感情的にならず、うまく整理できた自分が素晴らしいと思えるようにもなる。しかも、不愉快なことを全部吐き出すと、不思議と「じゃあ、どうしようか」「嫌なことは嫌なこととして、こちらからできることもあるかも知れない」という前向きな気持ちが湧いてくるから本当にありがたい。

まず、遠慮なく書き出すことで、ストレス解消になる。そして、書き出した後にそのメモを眺めれば、どれだけの量を吐き出したのかすぐ分かり、気持ちを客観視できるようになる。

客観視できるようになると、嫌な気分、不愉快に感じたことは事実として消えないが、なぜかそこまで気にならなくなる。結果として、気が楽になり、わずかでも前向きな気持ちが戻ってくる。

ストレス解消と感情の整理がある程度できてくれば、「相手はなぜああいうことをしたのか」を考えられるようになったり、「相手が絶対に悪いが、自分にも改善の余地があったのかも知れない」と思えたりもする。

このように、人は根本的には前向きで、ポジティブになりやすいと私は思う。

感情を表現するとは

誰かに話すより、メモに書き出したほうが確実によい方向に向かうということは、ある程度おわかりいただけたのではないだろうか。

しかしながら、ネガティブな感情の中には、到底人に話すことなんてできない、口が裂けても言えないレベルのことだってある。どう客観的に考えても消化できない悩みこそ、深く深く染みついて、足を引っ張る存在となっている。

自分の感情の起伏をコントロールできなくて苦しい、つらい、という人も多いのではないだろうか。自信がない人ほど、ちょっとしたことでものすごく嫌な気分になりがちだ。

本当はいつももっと楽しく、充実した毎日を送れるはずなのに、いつの頃か、感情の波が激しくなり、毎日何かイライラすることが起きる。

こういうことは誰にでもある。誰にでも起きる。程度問題であって、男性でも女性でも、若くても経験豊かな人でも、生きている限り、感情を抑えることは無理だ。

「ゼロ秒思考」のＡ４メモには、感じたことをそのまま吐き出せばよい。相手の名前も入れ、言葉を丸めずに書きたいことを全部書く。人に見せるものではないので、最大級のひどい言葉を書いても誰にも知られる心配はない。

・○○さんが嫌いだ！
・○○さんがなんでこんなに憎いのか？
・○○さんは、なぜあんなに頭が悪いのか？

感じたことをそのまま全部吐き出すようにすると、こういうネガティブな部分が少しずつ減り、徐々に性格も変わってくる。感情を全部吐き出して、目で見て再認識しているのに、なぜか過剰に感情的になることが減ってくる。遠慮なく、言葉も伏せずに全部表現すると、少しずつ感情が整理できるようになり、いつもストレスを感じていた自分が何だか過去の人になっていく。

感情的だと思う人は、毎日10ページではなく、20〜30ページのメモを書くといい。1ページ1分を守れば、わずか20〜30分のことだ。しかも、朝起きてから寝るまでの間なので、朝5分、お昼休みに10分、夕食後に10分といった感じで書くだけで、感情の起伏がなくなっていく。不愉快になることがどんどん減っていく。

ただこの場合、注意点が二つある。一つは、ゆっくり言葉を選びながら書くのではなく、1ページ1分かせいぜい1分15秒くらいで書き殴ってしまう、ということだ。考えながら書くのではなく、感じたまま言葉にしていく。そのほうが余計なことを考えず、素直な気持ちで書ける。考えながら書いても、実際は言葉を選ぶのに時間がかかってしまい、時間をかなり無駄にしているだけだ。

もう一つは、書いたメモを決して当事者に見られないよう、保管場所には気をつけること。会社に関するメモは自宅に、家族に関するメモは会社に、という感じだ。しかも会社では鍵をかけておくこと。これだけは、厳重にしておく必要がある。もしそれが確実にできないならば、実名を入れないとか、書いた後、実名入りのメモだけはシュレッドしてしまってもよい。それでもメモを書く効果は十分にある。

吐き出すにあたり、ＰＣ、スマートフォンはお勧めしていない。ＰＣだと、思いついた時にどこでもすぐ書くことができないし、Ａ４メモのようにちょっとした図を数秒で書き入れることが、全くできない。また書いたメモを机の上に並べて全体を見るといったことも、わざわざ印刷しなければできない。これは、後で説明する「深堀り」の作業において、致命的だ。とくにスマートフォンは、書くスピードが遅すぎるし、図も入れることができない。一覧性もない。

あくまでＡ４メモを１ページ１分で書き、夜寝る前に該当フォルダに投げ込んでから寝るという方法が、頭や気持ちの整理の上で何よりも役立つ。

言葉を自由に紡ぐ

久しぶりに会った幼なじみとの楽しい会話は、ものすごいスピードで進む。「あの時あんなことをした」「実はこう思っていた」「誰それが好きだった。でもふられた」「国語の先生が詰まらないダジャレを言って、皆白けていた」など、こういう話は尽きることがない。

一通り終わると、「今、何をやっている」「どんな仕事をして、誰と付き合っていて、その前は何をしていた」ということで話はひたすら続く。こういう会話は全部、人間の言語化能力が優れているからできることだ。おしゃべりな人と口べたな人がいるが、本質的な差ではない。誰でも学歴や仕事によらず、話はいくらでもできる。しかも大変に雄弁だったりもする。

話すことができるなら、それを文章にすることも問題なくできるはずだ。慣れていないため、話すスピードの何十倍も遅いのが普通だが、練習すればどんどん速くなる。

A4メモ書きは、まさにこの言葉を自由に操るスピードに注目している。「1分で4～6行、各20～30字」書くと、1分でおよそ100字前後になる。話すとさらに数倍以上速いものの、普通の人の書くスピードとしては、ダントツに速いほうではないだろうか。

誰もが持っている、「素早く、かつダイナミックに話す能力」を、A4メモ書きで鍛え、書く力としても発揮していただくことができる。

頻繁に開催しているA4メモ書きワークショップでは、こう言っている。

・「1分で頑張って書くようにいつも意識してください」
・「考えずに書いてください。考えると遅くなります」

・「考えているつもりでもほとんど何も考えておらず、ただ止まっているだけです」
・「難しく考えず、頭に浮かぶ言葉をただ吐き出してください」

そうやって急いで書いていると、実際速くなっていく。普段の書くスピードの何倍も速くなっていく。数百ページ書き終える頃（数十日後）になると、ほぼ1ページ1分強で、無我夢中のうちに書けるようになる。

私が言う「考えずに書く」とは、実際は頭で考えて書くことではあるものの、「余計なことを考えず、気持ちのまま飾らず、自由に書く」ということ。カッコ付けて言葉を選んだり、人目を気にしたり、自分の評価を上げるような言葉を選ぼうとしない。

書き間違えたら線を引いて書き直せばいいが、多分、ほとんど書き間違えることはないと思う。何ページか書くと、皆、驚くほどスムーズに書いていくので心配しなくてもよい。

そうやってメモを書けるようになると、手が勝手に動くようになる。「書いたメモを見て、自分はこんなことを考えていたのかと驚いた」という感想もよく聞く。実際は、「余計なことを考えずに、頭に浮かぶ言葉をそのまま書き出せるようになった」ということだと理解している。「言葉を自由に紡ぐ」というのはまさにそういうことだ。

心にも、頭に浮かぶ言葉にも制約がなくなり、自由になる。

くよくよ悩まなくてすむ

くよくよ心配するのは、

・できるかどうか、わからない
・自分がやるべきかどうか、よくわからない
・自分がやっていいのか、自信がない
・やっても恥をかくかも知れない。それでもやるのか？
・今さらやらないと言うと、笑われるかも知れない
・途中で挫折したらどうしよう。笑われるかも知れない
・また、兄や姉に馬鹿にされる
・他人からは、いい加減くよくよするなと言われている
・くよくよするのは自分でも嫌だ

というようなことで、ひとえに微妙な心の問題だから、本人にとっては深刻なことだ。何が気になるのかはっきりすれば、くよくよ悩むことはかなり減る。「気にしても仕方のないことだ」という気付きも生まれる。前を向いて何をどうすべきか考えられるようになり、進むべき方向も見えるようになるからだ。くよくよする、ということ自体、必要がなくなっていく。

Ａ４メモで整理する場合、少し視点や立場を変えて考えてみて、３〜４の選択肢をメモの左側に縦に並べる。その上で、右側にメリット、デメリット、総合評価を書いてみる。そうすると、どれを選ぶべきかかなりはっきりと見えてくる。表にしただけで、誰にでもわかり、比較検討がしやすいだろう。

頭も整理されてくるので、仕事でもプライベートでも、どういう選択肢があり、そのうちどれを採用すべきか、それぞれのメリット・デメリットが自然に見えてくるようになる。迷う時は、いくつかの選択肢があるので、まずはそれを全部書き上げてみよう。

悩みが整理できれば、これまでよりも気をつけることができるようになり、悩むことが自然に減っていく。

迷った時の、A4 メモ書きレイアウト

	メリット	デメリット	総合評価
A案：	●	●	
B案：	●	●	
C案：	●	●	

テーマ：失敗する可能性について、どう打ち明けるか

	メリット	デメリット	総合評価
A 今直接話す	すぐに解決できる、対策を考えられる	まだ起こってもいないのに、大事になるかも……	○
B メールでそれとなく	冷静に事実を伝えられる	メールという手段が失礼だと、怒られるかも……	△
C 明日以降にする	何より自分が落ち着いて報告できる	手遅れになる可能性大	△

多面的にとらえる

とくに気になることがあったら、メモを多面的に書き、色々な方向から見るようにするといい。多面的に書くとは、自分の立場から、相手の立場から、周囲の立場から、上から俯瞰した立場から書くことで、

・今まで見えなかった側面がはっきり見える
・十分考えていなかったことをしっかり考えることができる
・理解不能と思っていた相手の行動、絶対嫌だと思っていた相手の行動への理解が深まる
・これまでの自分とは異なる見方ができる
・全体のもやもやが整理でき、新しい自分としての取り組みができる

などの顕著な効果がある。ぜひともやってみてほしい。例えば、後輩にどうしてもつらく当たってしまう自分に対しては、

・なぜ後輩に当たってしまうのか？（メモ8）
・後輩の仕事のやり方にはどういう問題点があるのか？
・後輩に当たった後、自分はどう感じるのか？
・後輩に当たらずにいられた時、自分はどう感じるのか？
・後輩以外の人には当たらないのに、どうして後輩だけには我慢できないのか？
・自分は後輩に対して、本当はどう思っているのか？
・私が当たった後、後輩はどう思っているか？
・後輩に当たる自分を、会社の他の人はどう見ているか？
・後輩以外には あまり当たらない自分を、会社の他の人はどう見ているか？
・いつから後輩に当たるようになってしまったか？

また、引っ越ししようか迷っている時は、

・何のために引っ越しするのか？
・なぜすぐ引っ越ししたくなるのか？

・どういう時、引っ越ししたくなるのか？
・前回の引っ越しはよかったのか、どうか？
・引っ越さないメリットは？
・引っ越さなくても、やりたいことはできるのではないか？
・頻繁に引っ越ししている自分を友人はどう見ているか？
・頻繁に引っ越ししている友人を自分はどう見ているか？

などを書いていく。多方面からの視点でメモを数十ページ書いていけば、今まで自分が気づいていなかったことや、見落としていた事実にも気づける。口の横にご飯粒がつくと、周りから見えて教えてくれたり、鏡を見て自分でもわかったりするが、気持ちについてはほとんどそういう鏡の役をしてくれるものがない。ところが、Ａ４メモに多面的に書くことで心の中を鏡のように客観的に映し出してくれるのだ。

多面的にとらえることにより、物事の本質が見えてくる、しかもそれを平常心で見ることができるようになる、と言ってもいい。

メモ８　テーマ：後輩に強く当たってしまった

なぜ後輩に当たってしまうのか？	2015-2-1
―何度も注意しているのに、同じことをした	
―聞いている時の態度に腹が立った	
―後輩のせいで自分の仕事が遅れ、いらいらした	
―ただただ、頭にきた	

後輩は、私に対してどう思ったのか？	2015-2-1
―同じ失敗をして申し訳ないと思っていた？	
―またガミガミ怒鳴って嫌だなと思っていた？	
―そんなこと注意された覚えはないと、開き直っていた？	
―ただただ、怖いと思った？	

深掘りし、真実を見極める

大事な課題に関しては、「多面的な書き方」に加え、「深掘り」をするとよい。例えば、父親との関係のメモを書いたとする（メモ9）。これに対して、1〜5行目の本文をタイトルとして、さらに5ページの深掘りメモを書く。

それぞれ1分ほどで書けるので、最初の1ページを入れても6、7分しかかからない。それでいて、自分の父親への気持ちがかなり深掘りできる。もっと深掘りしたければ、今書いた深掘りの5ページのそれぞれの本文に対して、またメモを書き続けることができる。

最初から構造化し、全体像を考えながら書こうとすると、人の頭はあまり動かなくなる。途端にスピードが大きく落ちる。断片的に考えるほうがよほど速く、かつストレスなく考えることができる。このやり方がなぜよいかと言うと、最初に頭に浮かぶことに対して1ページ書き、もっと深掘りしたければ書いたメモの本文をタイトルにして、さらに書き進むことができるからだ。

A4メモによる「深掘り」は、人間の頭の動きやすさ、得意・不得意を考えて、ストレスなく考えを深めていくことができるように工夫している。頭に浮かぶことで、まずA4

メモを1ページ書く。普通はそのまま、別のメモに移っていくが、最初のメモの内容が気になって深掘りしたい時は、上述のように本文各行に基づいて追加でメモを書く。そうすることで、必要なことだけ深掘りしていくことができる。

一方、メモを1ページ書いたが、まだ気持ちが混乱気味なので、別の角度から眺めてみたいという時は、前述のように「多面的に」メモを書いていく。それによって新しい視点からの見方ができるようになっていく。

このように、「メモの深掘り」と「メモを多面的に書く」の両方を合わせると、「より深く詳細な検討」も、「新しい視点からの検討」も自由にできていくことになる。

「深掘りし、真実を見極める力」とは、もっと簡単に言うと「なぜ、なぜと質問し続ける力」のことだ。それがあれば、適当なところで早わかりしたり、おかしいなと思っても放置したりすることがなくなる。気になることは、どんどん質問して事実を探究していく。

子どもの時は、好奇心のかたまりで、質問が途切れることがない。どんどん深掘りしていくことで真実に近づいていくことができる。これは、考える力、知恵を授かった人間の本質的な特性だと思う。

メモ９　テーマ：父親との関係

父親とのコミュニケーションをどうすれば改善できるのか　2015-2-1

― 父親と話すと必ずぶつかるようになってしまった

― 何を言っても「いいから俺の言うことを聞け」なので、耐え難い

― 弟に対してはそうでもないのに、自分にだけはうるさい

― 母親に対してもがみがみ言うだけで、頭がおかしい

― 会社の部下はよく遊びに来て慕っているようだが

深掘り１ページ目

父親と話すと必ずぶつかるようになってしまったのは？　2015-2-1

― 高校までこんなことはなかったが社会人になってからひどくなった

― 社会人の心構えとか、あれこれうるさい

― 父親の仕事が尊敬できないのに、言われても聞く気にはならない

― 本人、その点はわかっていないのか？　自分の反省なのか？

深掘り２ページ目

何を言っても「いいから俺の言うことを聞け」なので、耐え難い 2015-2-1

—ともかく、こっちの言うことを何も聞かない。一方的に話すだけ

— 何度も同じことをくり返す。しつこい。多分10回以上くり返す

— 言っていることも古すぎて、今時、父親の言うように仕事はできない

— なんであそこまでお説教するのか理解できない

深掘り３ページ目

弟に対してはそうでもないのに、自分にだけなぜうるさい？　2015-2-1

—どうして弟には言わないのか？　かなり甘いとしか思えない

— 弟に話す時は全然くどくない。自分に向けてとはえらい違い

— 弟はかなりうまく立ち振る舞っている。ずるいやつだ

— 弟はしっかりやっていると思っているのだろう。本当は違うのに

深掘り4ページ目

母親に対してもがみがみ言うだけで、頭がおかしいのでは？ 2015-2-1

— 母親に対してひどい言い方しかしない。よく耐えている

— ありがとうとか、絶対に一度も言っていないと思う

— 塩分が強くて高カロリーのものを食べさせると文句を言っている

— 被害妄想が強い。勝手に被害者になったつもりのようだ

深掘り5ページ目

会社の部下はよく遊びに来て慕っているようだが？ 2015-2-1

— 理解できないのは、家の外では慕われている様子

— 内弁慶というか、何か外では誤魔化しているのでは？

— 外でできるのなら、なぜ家でやらないのか？

— 二面性があるとしか思えない。絶対おかしい

第5章

実行できる人になる

考える力がなければ生き残れない

敷かれたレールの上を、疑問も持たずに歩き続けていると、いつの間にか考えることをしなくなる。このまま省エネ運転で進んで行ければ楽だし、ストレスで疲れることも最低限で済む。しかし、レールがどこまでも続いているとは限らない。気がつけば脱線していたという事態も、明日は我が身かもしれない。

日本の危機について第1章で詳しく述べたが、話を聞くまでこの問題について深刻に考えておらず、聞いて驚いたところで、具体的に何か変えようという人はまだ少ない、というのが私のこれまでの印象だ。

要はほとんど皆、ゆだってしまってやや手遅れになった「ゆでがえる」状態にある。大問題が起きているのに、変化が少しずつなので気づかず、問題を放置している。あるいは、気づかないふりをして、日々過ごしている。

「頑張ってこそ成功する」という概念は、日本以外では当然だと考えられている。世界はすさまじいスピードで変化し、ダイナミックに発展している。頑張れば大成功するし、頑張らなければ家がなく、食べ物がなく、治療が受けられず、家族もなく、死ぬだけのことだ。その差が実にはっきりしていて、わかりやすい。もちろん、頑張りたいのに頑張れない人には、その社会の価値観と体力に合った救済措置がある。

今は、「ハングリーにやるしかない新興国」と、「ハングリーにやると素晴らしい成果を得られる欧米諸国」と、「ハングリー精神を忘れてしまった日本」という感じだ。そうなると、自分のいる会社もこの先どうなるかわからない。ある日突然外資系になり、「上を目指す姿勢のない人はいらない」「短期間に集中して結果を出せない人はいらない」と宣言されるかもしれない。安定的な事業を何十年もやっていたのに、外資系や異業種からの参入があり、非常識な価格破壊をして一気にシェアNO．1になってしまうかもしれない。

このように、国内の企業だと思って就職したら、急に世界市場が相手になってしまうこともある。日本的な温情は通用しない。何倍もドライだと考えておいたほうがいい。どちらがいいということではなく、今の日本企業の競争力の低下から言って、何が起きても不思議はない、ということだ。

ただ、最近は「思考力」など「考えること」をテーマにしている本がとても売れていて、「現状を変えたい」「今のままではダメだから考えたい」「考え方を変えたい」と思っている人も増え始めているようだ。少しだがよい兆候だと思う。

いずれにせよ、一人ひとりの日本人が、今いかに「ゆでがえる」状態にあるかを理解し、どうすれば自分たちが対策を打てるのか、どうすれば少なくとも自分と自分の家族だけは対処できるのか、しっかりと考える力がなければ生き残ることは厳しいだろう。

行動して結果を出す

「それはまずい、とにかく考えなくては！」という気持ちに少しでもなっていただけたら、さらに一歩踏み込んで、結果の伴う行動を心がけられるといい。結果のよし悪しだけではなく、必ず何かしらの答えを得るという意識を持てば、考えの質・スピードは自ずと上がっていく。すべてが上手く回り始める。

こういう時、評論家、批評家はいらない。何も行動せずに批評をくり返し、揚げ足を取り、議論のための議論だけを続けることは、百害あって一利なし。さっさと行動し、結果を出すべき時期だ。

グループのメンバーとしても、個人レベルで各々が結果を出す必要がある。「自分一人さぼっていても、全体では何とかなる」ということは、もはやない。それぞれの部署、それぞれの立場で本当に何をすべきか考え、話し合い、立ち上がって行動しなければいつかは追い出される。

行動して結果を出すためのポイントは、

・難しく考えすぎない
・ある程度準備をしたら、後は割り切る
・何をやるか、経験のある人の助言を得てよいとなったら、ともかくやってみる
・まずは小さな成功を目指す。それがあれば、だんだん拡げていける
・慣れないうちは何をして何をすべきではないか迷うが、それが当然だと思う
・コツがわかってきたら、初めてもう少し大きくチャレンジする
・常に、関係あるすべての人に気を配り、メモに書く
・ノイズが出たら、経験のある人にすぐ相談する
・対処すべきノイズと、無視すべきノイズは最初のうちは見分けがつかない

などだろうか。一度、行動して結果を出すと、気分がよくなって次々にやってみたくなる。自分の頭で考え、発言し、行動することに、自信を持てるようになった状況だ。

メモ１０　テーマ：午前中の能率アップに取り組む

朝の過ごし方を変えるとしたら？　2015-2-1

ー いつもより１時間早く起きてみる

ー 朝ごはんをしっかり食べることで、気持ちも落ち着く

ー 今日やるべきこと、一日のスケジュールをシミュレーションする

ー 少しくらいの雨なら、ランニングして体を動かす

朝の過ごし方が変わったら、どうよくなる？　2015-2-1

ー 焦らずに支度ができる

ー 頭が冴える、すぐ理解できるようになる

ー 無駄な行動が少なくなる

ー 頭も体もスッキリする

結果的に、自分の人生のかなりのところまで、自分でコントロールしようと思えばできるようになる。もちろん、コントロールなどできるはずがないと思っていたら、いつまでたってもできない。行動して結果が出るまで、本気でメモを書き、仲間と議論し、できるところから最速で進めていただきたい。

また、世の中には色々な助言をしてくれる人がいる。ただ、こちらのためを本当に想って真剣に助言してくれているのか、妬みや意地悪から来ているのか、細心の注意を払って見極める必要がある。真剣な助言ならあくまでこちらを想ってのこと。理由も背景も具体的なアクションも包み隠さず話してくれる。とにかく、自分の直感を研ぎ澄ませよう。

人の器、人間力

人の器、人間力とは、主義や趣味嗜好の違う人をもどれほどに惹きつけ、慕われ、動かしていけるかだと考えている。男女によらない。年齢にもよらないはずだ。

どういう人の器、人間力が大きいかというと、

・目標が高く、高邁な理想を持つこと

・人に対するやさしさ、暖かさを感じられること
・人の才能を活かし、引き出してあげられること
・人に自信を持たせてあげられること
・根本は、相手の話をよく聞いて理解してあげられること
・価値観、スタイルへの許容度が高いこと
・自分に自信があり、気持ちが安定していること
・決して自慢したり、人を見下したりしないこと

などだと考えている。気持ちの問題だから、才能がある人だけとか、事業が成功した人だけとか、スケールが大きい人だけとか、そういうことではなく誰にでもできる。ただ、努力はかなり必要になる。

目標が高く、高邁な理想を持つには、妥協せず、自分は本当は何をしたいのか、してあげたいのかを、何度も何度もA4メモに書くとよい。書くことで信念が強まってくるし、考えも一歩ずつ進む。「趣味を仕事にしたい」「留学したい」「日本のオタク文化を世界に発信したい」など、自分の気持ちがワクワクすることなら何でもいい。

メモ１１　テーマ：趣味を仕事にする

趣味のランニングを仕事にできるのか？	2015-2-1
― 朝のランニング教室を開く	
― ペースメーカーとして、いろいろな大会にエントリーする	
― ランニングをする人向けのショップをひらく	
― 外国の大会を遠征するツアーを仕切る	

ランニングの仕事は人のためになるのか？	2015-2-1
― 健康増進に貢献できる	
― 仲間を探している人の役に立つ	
― 大きな大会に出場する機会が手に入る	
― ランニングの情報が、まとめて得られる場所ができる	

高邁かどうかは、結果として人のためになるかどうかだ。できれば、目標を立てる時には信頼できる数人に話すとよい。客観的な視点を得られれば、考えがより深まるし、実現のためのよりよい方法が浮かんで来ることもあるからだ。

人に対するやさしさ、暖かさを感じられるようになるには、こちらの心が安定し、相手の幸せを願うことができるかどうかによる。結構このハードルは高い。自分が幸せでないと中々、人の幸せまで考えたりできないからだ。それは、ほとんど心の持ちように依存する。いつも不平不満の多い人、否定的な人は一生そのままだ。金銭的に成功しようとも、幸せとは言いづらい状況が続く。

人の才能を活かし、引き出してあげられるようになるのは、それほど難しいことではない。見えた才能を褒め、自分ができる範囲で引き出してあげればいい。自分ができる範囲を越えていれば、信頼できる他の人に紹介してあげればいい。かなり簡単なことだが、こちらが妬みの気持ちを持っていると、こういうことはもちろんできない。メモ書きで、自分の夢や信念につながるようなことをいくつも書き出し、これらのポイントを意識しつつ、その人の話をよく聞いてあげるとよい。どのようにサポートしてほしいかなど、自分に置き換えて想像することもでき、ためになる行動が取りやすくなるだろう。

ただ、相手の話が不平不満ばかりの時と、同じ話をくり返している時は、決して相手はこちらに好感を持って対等な立場で接してくれようとしているわけではない。他の人はもううんざりして聞いてくれないから、次のターゲットにされている可能性は高い。こういう状況で、八方美人になる必要は全くないので気をつけたい。

価値観、スタイルへの許容度を高くするには、「人は人、自分は自分」と思うことだ。押しつけたり、説得したりして人の考え方を変えようとか、「こちらが上で、相手が下」だとか思わないこと。そう思ってしまうと、許容度が一気に下がり、一方的な押しつけになってしまう。言葉で伝えようとすると、これもまた押しつけがましくなる。こちらの価値観、スタイルが素晴らしければ、相手が自然に惹きつけられ、同じ考えになっていく。焦ってどうにかなるものではない。

メモ書きで意識を高める場合、自分の強みや価値観についてくり返し書き出してみると、焦りもなくなってよい。何度も書き出すことで深く認識することもできるし、矛盾などが見つかっても、そこからさらに書いて考えることで、確固たる自信につなげていくことができる。最初は一日一回など、ペースを決めてやってみると効果が出やすいだろう。

自分の価値観や努力を認めて、小さなことでも褒めてくれる仲間、先輩を見つけ、なるべく多くの時間を過ごすことも大事だ。皆で励まし合い、認め合い、助け合って成功体験を積み重ねることのできる仲間は素晴らしいし、何より楽しく居心地が良い。気持ちが明るく、前向きになる。

そういう仲間をどうやって見つけるのか。待っていると声をかけられる、というラッキーなことは、普通は起きない。ビジョンを持って自分から積極的に行動を起こせば、素晴らしい仲間が誰にでも、遅かれ早かれできる。

自慢したり、人を見下さないようになるには、「自分の中にも不安はある」ということを、一度受け止めたほうがいい。誰にでも不安はある、と理解することも人間力につながる。すぐ自慢したくなるのは、自分が不安だからではないか。不安だから、少しでも自慢して相手に対する優越感を感じ、何とか心のバランスを取ろうとしている。

以上のどの点も、A4メモを数ヵ月続けて、千ページ以上書くと自然に身についていく。人間力のある人が周囲にいると、本当に心温まるし、自分ももっとやろうと思える。気持ちが自然に前向きになって、力が湧いてくる。

器が大きく、人間力のある人が多ければ、それだけで楽しいではないか。

これは決して夢物語ではない。

メモ12　テーマ：なぜ人を見下してしまったのか

なぜ自慢げな態度をとってしまったのか？	2015-2-1
―相手に自分のほうが上だと認識させたかった	
―自分のほうが上だと思いたかったから	
―相手に驚いてほしかったから	
―すごいところを見せつけたかったから	

不安なことがあるのでは？	2015-2-1
―相手が驚けば、自分は大丈夫と思える	
―実は自分が納得できていない	
―相手が先に結果を出したらまずい	
―相手にプレッシャーを与えたい	

シリコンバレーなどであれば、何かやろうとしている人に対して、日本よりはるかに明るく応援してくれる。足を引っ張ったり、陰で悪口を言ったりする人がゼロではないが、皆もっと自分のやりたいことに集中しているし、積極的に応援してくれる。

コミュニケーションの原点

コミュニケーションの原点は、相手に関心を持って、話を真剣に聞くことにある。形式的に聞く時間をとることでもない。心がこもっていなければ、相手には即座に見破られる。その瞬間に開きかけた心は閉じてしまう。「相手を理解したいという真剣さ」と「相手に対する関心の深さ」が大事であり、聞くテクニックとかの問題ではない。まして、話すテクニックでもないと考えている。

会話が苦手な人や口下手な人は、自分の気持ちを表現することが苦手だったり、また相手に誤解をさせてしまうこともある。しっかり話しを聞いてあげたいと心では思っていても、その気持ちがなかなか伝わらず、困った経験があるかもしれない。

メモ書きの習慣をつけることで、自分のなかにある考えを具体的に示すことができるようになってくる。目に見える「言葉」として書き出すことで、わかりやすくなり、他人にも伝えやすいかたちになるはずだ。また、最初にご紹介した相手の話しをメモに書き留めてあげる方法も、結構役に立つので試してみてほしい。

しかしながら、コミュニケーションに悩む人は多い。そこで、私がいつも注意しているポイントをいくつかご紹介したい。

1．相手の話を最後まで聞く

話を聞く際、相手の話を途中で遮ってこちらから話したい誘惑にかられることもあるが、そこは我慢して、最後まで聞くことが大変重要だ。我慢して最後まで聞くと、多くの場合、何か発見がある。遮っていたら、こちらが早わかりのまま微妙にズレた話をしてしまうこともあるし、相手が本当は付け加えたかったことを言わずに終わり、不満を残していたかも知れない。

私も、言いたい気持ちを何とか抑え最後まで聞いて、「うかつに遮らなくて、本当によかった」と思ったことが何度もある。言ってしまったら、「なんだ、この人は何もわかっていないんだな」とか、「信じられるかと思ったのに、この人もダメだ」と残念に思われたかも知れない。

この「遮ぎりたい誘惑」には大して根拠がなく、単に習慣的なものではないかと考えている。最後まで聞くのが面倒だと思って、単に遮ぎる。あるいは、「全部聞いたら損だ。どうせだらだら話すだけだし」と決めつけて、遮ぎる。

最後まで聞く姿勢を持っていれば、相手はきちんと聞いてもらっている気になり、くどくどと話すこともだんだんなくなっていく。

それでもなくならない場合は、聞きながらA４メモに要点を書いてあげると、重複が少なくなっていく。なので、人の話を聞いて整理してあげる時は、最初の数回は若干我慢も必要かも知れないので、スケジュールにも余裕を持たせておくとよいだろう。

ただ、何をやったとしても、しつこく話し続ける人がいる。そういう場合、相手は決してこちらのことを大切に想い尊重しているわけではない。「自分のことを理解してほしい、構ってほしい」という気持ちが強すぎ、自分本位のことも多い場合は、どこまで付き合うかは慎重に判断する必要がある。私の場合、自分本位な人に対しては、距離を置く。そうしないと、本当に大事なことができなくなってしまうからだ。多くの人はこういう場合流されると思うが、「ある程度以上誠意を尽くし、ダメなら引く」でよいと考えている。

また、最後まで聞くためには、途中で「なるほど！」「そうだったのですね！」「知りませんでした」「びっくりしました」「素晴らしいですね」などの、相づちを打つことが大切だ。これは「あなたのお話を真剣に聞いていますよ」というシグナルであり、相手は気持ちよく話し続けてくれる。

話を聞き終えたら、理解した内容を簡単に整理して話し、確認する。ごく短い整理でも、相手は「話ができた。話を聞いてもらえた」感があり、効果的だと考えている。

2. 相手への愛情、関心を持つ

相手への愛情、関心がなければ、話を最後まで聞くことはできない。愛情を持てる相手には愛情を、そうでない場合も強い関心、あるいは好奇心を持つことが大前提だ。

愛情、関心を持って、初めて相手の話に真剣に耳を傾けることができる。愛情も関心も持てない場合、自分がコミュニケーションの相手としてふさわしいか考え直してみるほうがよい。相手にとってのコミュニケーションの相手として、ふさわしいかどうかだ。

仕事の付き合いなど、気が進まないコミュニケーションの時は、この点をどうしても忘れがちになるが、愛情・関心・好奇心のいずれかに該当するものはないか探してみると、有意義な関係を築くきっかけにもなる。

相手の性格や立場を変えることは難しいが、こちらの心の持ちようでよい方向に進めることができるということも、忘れないようにしたい。

3. 平常心を維持する、ゆったり構える

途中で話の腰を折らないのはもとよりだが、話の内容によっては「それは違う！」とか、「それは誤解だ、私がそんなことをするはずがない！」など、頭に来ることがある。そういう場合でも、相手の発言に対して感情的に反応しないで、その場で一々言い訳をせず、全部聞くことが非常に大切だと考えている。もちろん、少しの我慢は必要だ。

そのためには、平常心をできるだけ維持し、ゆったりと構えることが鍵になる。それができないから困っている、という方も多いとは思うが、A4メモを百ページ以上書くと、一気にカッとなることが不思議なほど減る。常に、ある程度自分を客観視したり、相手を観察したりする心の余裕ができてくるからではないかと考えている。

また、相手とのすれ違いのポイントも自然にわかるようになってくる。すれ違いと理解不足を解消することで、関係もかなり改善する。そうなると、「今の自分でいいんだ、無理に自分を殺さなくてもいいんだ」という気持ちにもなっていく。自然に感情とも向き合

え、相手とも自然体で接することができるようになるので、平常心が維持できるようになる。

到底合意できないこと、許容しがたいことを言われた場合も、一々反論しないほうがよい。あえてそこで反論せずに会話を続けるには、ちょっと工夫がいる。私は、「なるほど」「なるほど、そうでしたか」と言うようにしている。「合意した、認めた」のではなく、「相手がそう取ったということを理解した」という意味の「なるほど」だ。

相手は、こちらが反論したり感情的になったりするのをある程度わかっていて、わざとけんかを売っていたり、感情的になって好き放題言ってしまっている場合もある。どちらにしても、相手の土俵にうっかり乗り、低いレベルに合わせていては、心の平安を乱される。

全部聞いた上で、対処する。場合によっては、別の日にしたり、こちらのメンバーを変えたりするほうがよいことも多い。

なお、反論しないとそれだけで「合意した、認めた」と受け取る、自分に都合よくとらえがちな人もいるので、そんな時は最後まで聞いた後に、「これとこれについては、事実はこういうことですので、誤解されていると思います」という釘を刺しておくことも必要だ。そこでまた感情的になる場合もあるが、そういう相手にはしかたない。基本的には二度と付き合わないように、距離を置く方法を真剣に探すようにしている。

最後に、突然怒り出すなど、ものすごく嫌な相手と話すことになった場合、一つだけお勧めの対処法がある。怒鳴りちらすとか人を罵倒する相手の挙動、発言がなぜそうなのか、何が気にいらなくて爆発したのか、本当は何が言いたいのか、客観的に観察すること。そうすると、よほどのトラウマがあったのだろうとか、よほど寂しいのだろうとか、別の角度から相手を見ることが少しだけできるようになる。

毎回こういう態度に出る人は、こちらの心と体を壊すので、一目散に逃げ出すほうがいい。会社ならパワハラとしてその上司の上の役職の人、あるいは総務部などに訴えて配置転換を図ったり、無理なら転職を真剣に考える。プライベートな付き合いなら、別れる。決して極端な話をしているつもりはない。自分の身を守るとは、そういうことだ。

4．心からポジティブフィードバックをする

前述のポジティブフィードバックが、普段のコミュニケーション上も、極めて大切だと考えている。ポジティブフィードバックをすることで、人との関係が非常に良好になる。

不安を抱えている人、自分に自信のない人が多いので、チーム内のメンバーや部下だけではなく、同僚や上司にも、取引先、外注先にも、夫、妻、子ども、親、友人にも、常に効果がある。

気をつけるべきことは、その気がないのに、口だけ褒めたりねぎらったりするのは絶対にだめだということ。全くポジティブになれない。

相手への関心を持っていつも注意して見ていれば、褒めることもねぎらうことも自然にできるようになる。今一緒に仕事をしている、あるいはこれからしようとする、プライベートな時間を共有しているという相手は、他ではなく、自分と一緒にいることを選択してくれている。そう思うと、感謝の気持ちがより自然に出てくるのではないか。部下に対して、「給料を払っているのだから、これをやって当然」ではなく、「他に行く選択肢もあるのに、自分と一緒に仕事してくれて本当にありがたい」という考え方を大切にしたい。

5. 相手の「聞いてほしい気持ち」を受け止める

どんな有名な人でも、寝る間もないほど大成功した人でも、「聞いてほしい」という欲求は山のようにあるようだ。なぜだかわからないが、生きている証のようなものだろうか。誰でも、自分の話を目を輝かせて聞いてもらうことは楽しいことなのだ。

例えば、大変に忙しい著名人のインタビューを何とか取り付け、取材時間は15分だけと言われても、こちらが相手の夢や価値観、活動内容についてしっかり勉強し、真剣に話を伺えば、15分どころか1時間を超え、2時間を超え、昼食まで誘われて何時間も話し続けてもらえる、ということが起きる。著名人であればなおのこと、言質を取ろうとするだけのいい加減なインタビュアーには辟易している。そうではなく、「自分のこれまでの活動をしっかり勉強し、理解力もある人が真剣に聞こうとしてくれるならぜひ話したい」と望むところではないだろうか。

私自身はそこまで話をするのが好きではないが、なぜこういうことが起きるのか想像してみると、

・自分のことを理解してほしい。正しく理解してくれる人がほしい
・自分がこれまで頑張ってきた、ということを聞いてほしい
・自分の人生で賭けてきたこと、大切にしてきたことを知ってほしい
・同志がほしい

・話をするのがとにかく好き
・自慢話をしたい

　ということではないかと考えている。ごく普通の人であれば、誰もそこまで関心を持ってくれないので、満足いくほどは聞いてもらえない。いつも「もっと話したい」「自分の話をちゃんと聞いてほしい」という気持ちでいっぱいなのだろう。誰に対しても、真摯な姿勢を忘れないようにしたい。

6. 話す前にポイントを整理する

聞くのはいいが、「話すことは苦手」という人がいる。特徴的には、

・何を言いたいか頭が整理されていない。支離滅裂
・話し出すと頭が真っ白になり、何を話しているのかわからなくなる
・事実の説明と、本人の意見がまざっていて、何が何だかわからない
・本題に入るまでの前置きが長すぎる。すべてにわたって前置きが長い

・話すことに必死過ぎて、相手の話を聞く余裕がない

というようなことではないだろうか。

わかりやすい話し方は「慣れ」と「心の準備」が必要なので、話す前にＡ４メモに要点を整理し、それを見ながら話すようにすれば、格段に改善される。メモを見ずに空で話す、という必要は全くない。会議で話が進行したら、その場でさっと数点殴り書きをし、それを見ながら「私はこう思います。１番目の理由として〜、２番目の理由として〜、３番目の理由として〜」と話せばいい。

口べたただということを気にしている人もいるが、実は「立て板に水」よりも「口べた」の方がよほど望ましい。「立て板に水」だと、心がこもっていないように見えやすいし、相手の理解度と関係なく話すことにもなる。「口べた」で朴訥なほうが、よほど相手の信頼を得ることができる。

7．ハードな交渉も根本は同じ

ハードな交渉をする場合も、相手との信頼関係があれば、前向きに話し合いができる

し、信頼関係がなければ、そもそも何も始まらない。これまでの根本と同じだ。相手のことをよく知れば知るほど、信頼すればするほど、お互いにメリットのある落とし所を見つけることができる。

「ハードな交渉」と「けんか腰」は全く違う。「ハードな交渉」はお互い厳しい条件を突きつけ合って、議論し、着地点を一緒に探していく。合意したら、それまでの議論がなかったかのように握手をし、乾杯をし、信頼関係を確認する。「けんか腰」だとそういう交渉とは全く違って、着地点を探すというよりはお互いぶつかり合うだけになり、コミュニケーション自体が不愉快なので、決まるものも決まらない。

ハードに見える国際的な交渉は当然前者だが、日本人は慣れていないために、過度な要求を突きつけて破談になったり、妙に譲歩して後で後悔したりと、バランスの悪いことが多いようだ。

グローバル時代において、ハードな交渉は避けて通れない。日本人にとっての大きな課題だと思う。

このような交渉の時こそ、真摯な姿勢と平常心を持って取り組んでみてほしい。相手にも守るべきものはあるだろうが、それは自分も同じこと。想いの強さを伝え合ってこそ、本当の妥協線が見えてくるものだ。

リーダーとしての役割

自分は気が進まないが、突然リーダーをやらなくてはならない状況になってしまうこともある。責任を取りたくない、目立ちたくない、あるいはまだ自分には早いと感じるなど、個々に思うところはあるだろう。

しかし、「これをしたい」という想いが人一倍強ければ、好むと好まざるとに関わらず、自然にリーダーシップを発揮するようになる。学歴や年齢、性別など、全く関係ない。「失敗したら、もう先はないかも……」など、考えを巡らせたところで、状況は変わらないので、これは成長のチャンスと思って、前向きに取り組んでみてほしい。A4メモでも携えて、今できることを精いっぱいやるべきである。

リーダーの役割は沢山ある。高い目標と目標達成への熱意を示し、半信半疑な人を引っ張ってやる気を出させ、具体的なステップを示し大きな障害を回避して、当初の目標かそれ以上を実現させることだ。

リーダーシップに関してのポイントを、いくつかご紹介したい。

1．リーダーシップとは、周りが慕って、自然についてくること

リーダーシップとは、人に命令することではない。力や権威を誇示して、人に言うことを聞かせることでもない。

その人のビジョンが素晴らしく、意義があるので、皆がついていきたい、一緒にわくわくすることにチャレンジしたいと集まって来ることが出発点になる。「俺が社長だ。言うことを聞け、言う通りにしろ！」という姿勢とは対極にある。

勘違いしている人がかなり多いが、リーダーシップは立場ではなく、その人の力と価値そのものから生まれる。

周りが慕って、自然についてくるようになるには、リーダーからのコーチングも重要な点になる。コーチングを一言で言えば、「自分がしてほしかったことをする」に尽きる。

コーチングの大前提は、メンバーに対して親身になり、関心を持つこと。自分のことのように、一人ひとりのことをいつも考えていられるかだ。

「メンバーや部下に成長してほしい」と本心から思えるか。「成長してほしい」の究極は「自分を追い抜くほど成長してほしい」であり、それだけの成長機会を提供しているか、

自分のすべての知見を提供しているかが、リーダーの本気度として、隠しようもなく全メンバーに伝わる。

2．ビジョンを示し、困難に立ち向かう勇気を生み出せること

リーダーがビジョンを示すことで、メンバーは、最初は無理だと思っていたのに、徐々にその気になる。「やってみよう、やれるかも」と思い始め、一歩、また一歩と前進して自信をつけていく。熱意だけではなく、目標達成に向けての具体的ステップを示すことで実現の可能性が高まる。

リーダーはメンバーに見本を見せ、助言し、勇気づけ、力を十二分に発揮してもらえるようにリードする。そうすることで、皆がより大きな力を得られる。

3．リーダーは、危機に際しても平常心で、沈着冷静に指示を出せること

目標に向かっている間、大きな目標であればあるほど、次々に危機が襲ってくる。予定されていた資金が獲得できなかったり、人が辞めたり、競合が生まれたり、技術開発が頓挫したり。誰かが見張っていて、成功しないようにあの手この手をくり出しているのでは

ないかと考えたくなるほどの試練が続く。

ただ、優れたリーダーは、最初からそういうものだと思っている。問題なくうまく行くような容易い目標ではないとわかっているし、うまく行きそうなら、もっと上を狙おうとする。真のリーダーは、そういった危機に際しても平常心で沈着冷静に指示を出し、うまく波乗りをし続けていけるように引率する。

4．リーダーは、優先順位を常に明確にできること

リーダーは常に全体像を把握し、優先順位を明確にする必要がある。色々なところで問題が起きるので、つい目先の出来事に対応したくなってしまうが、あまりそういう動きをすると、中期的には優先順位を間違ってしまう。

一方、状況はダイナミックに変わるので、当初の計画にこだわり過ぎるとリスクが大きくなったり、メンバーの心が離れていったりする。この二者のバランスを取りながら、最も適切と考えられる優先順位を常に示し、メンバーの活動とエネルギー配分をうまくコントロールしていかなければならない。

声が大きいメンバーの不満、要求に応えすぎても、全体としてのバランスを欠く。最新

の全体像に基づいて、適切な判断をし続けることが必要になる。

5. リーダーは、熱意、向上心、柔軟性があること

成功するリーダーには熱意がある。絶対に成功させるという断固とした意思、情熱があり、ビジョンについて何時間も語れるほど、詳しく考え抜いている。

さらに、向上心が強い。組織の成長、成功はリーダーの器による。そのためには、リーダー自身の成長意欲が大変に強く、成長し続けることが必要だ。その際、誰からも学ぶ謙虚さや素直さが鍵になるし、耳に痛い忠告も、頑なにならず聞けるかどうかで大きな違いを生む。

柔軟性は重要だ。柔軟性とは「頭の切り替えの早さ」と「心の整理の早さ」があり、前者は状況変化に応じて、瞬時に頭を切り換えてターゲットを修正したりアプローチを考え直したりすること。後者は、やり方を変えたほうがよいとわかっても、心情的にそれまでのやり方にとらわれたり、切り替えるのが嫌で逡巡したりする人が多い中、短時間で立て直してすぐ最善策に集中できるようになることだ。

重要な点は、「自分の殻を破る」ということに尽きる。長年染みついた自分の殻を破る

には、ただそうしようと思うとか、自分なりの努力だけではなく、それらを越えた特別な工夫が必要だ。具体的には、「自分の基準、自分の努力では全く不十分だ。その点は今の自分には判断できない」と思うことだ。
「努力しているのだから、これで何とかなるはず」と思ったら殻を破れない。できている人の一挙手一投足をまねすることで、大きな発見につながる。細部に重要なヒント、ポイントが隠されていることが多いからだ。「自分ではとてもできない、そこまではやらない」と思うことを思い切って実行する。こうした努力を続けていると、思いがけない発見が続々と生まれる。自分の殻を破れた瞬間だ。

それではここで、リーダーシップの例を考えてみよう。

高校野球の監督になったとする。メンバーが8人しかいないため試合にも出られない弱小校で、甲子園に行くことなど、選手は夢にも思っていない。そこで、「甲子園に行くぞ!」と宣言し、選手や他の先生の失笑を買うが全くくじけず、熱心に言い続ける。

半年後、地域の中学で活躍している選手5名を何とか口説いて入学させ、試合を次々に設定する。最初は負けまくっても、選手を励まし続け、試合後にはきっちりと反省して、次の試合に活かす。選手は、甲子園などまだ全く考えてもいない。鼻で笑っているが、監督は迷いを見せない。効果的な練習を続け、次の年には中学で大活躍したエースで4番の選手を数名獲得し、だんだんと様になってくる。試合も3試合に1試合は勝つようになる。「甲子園って、もしかしたら自分たちも行けるかも」と選手が思い始める。

翌年は上り調子の評判を聞きつけ、中学で活躍した選手が何と10名も入学し、スタメンになるのも一苦労、という状況になる。甲子園に向けての予選に勝ち進み、開校以来初めて、地区の準決勝に進む。こうなると監督があれこれ言わなくても選手がものすごくやる気を出して、自主的に朝練をやったり、練習終了後にサーキットトレーニングを始めたりする。選手の親はもっとやる気を出して、毎日の練習ごとに交代で差し入れのおにぎりやあんパン、飲み物を届けてくれるようになる。学校では応援団が急遽作られて、クラスの3割くらいが参加するようになる。

その翌年、監督就任4年目。ついに地区の決勝に進み、10対3の大差で甲子園出場を決める。その時、「甲子園なんか、夢のまた夢」「甲子園に行くなど、悪い冗談」と皆で言っていたことなど、すっかり忘れている。

こういう感じだ。誰も信じていない状況からビジョンを示し、ステップと具体的なアクションを示し、徐々にみんなの信頼を得て、高い目標を達成する。こういうリーダーにどこまで近づけるか。

最後に、リーダーとして大変かつ重要な点の一つが、自分のモチベーションの維持ではないかと思う。リーダーにはあらゆる雑音が集中する。半分は皆が頼って「おんぶにだっこ」状態になること。もう半分は悪意のコメントや、よかれと思いつつ実は足を引っ張る周囲の余計なお世話だ。

リーダーといっても、24時間365日、熱意を維持して戦えるわけではない。ただ、高く維持しようとする努力は十分可能だと考えている。

まず、体調管理が大切だ。私自身は、毎週日曜日の夕方に必ずテニスをするようにしている。雨が降っても壁打ちをする。本当は週2日にしたいところだが、今は最低ラインとして週1日を維持している。睡眠時間も、自分の快適なペースが維持できる最低線の6時間をほぼ維持している。

体調管理に加え、意欲、向上心、エネルギーは伝染するので、自分より強い人に折に触れて接し、エネルギーを注入することも重要だ。会っただけで元気が出る人、というのが誰にでも一人や二人いるのではないだろうか。

力んでばかりいるとすぐ疲れるので、ある程度リラックスしつつ、かつトップスピードで走る工夫も必要だ。スキーで滑り降りる時、こぶがあるたびに自ら膝を曲げたり伸ばしたりしようとすると、途端にはね飛ばされる。ところが、上半身を安定させ、膝の力を抜いて滑れば、勝手に下半身が屈伸してこぶの上を舐めるように滑り降りていくことができる。斜面に並行して下を見つつ、雪山の景色もある程度楽しみながら、快適にダウンヒルができる。それと同様、リーダーとしての仕事も、肩の力を抜いて、全体像を見つつ要所要所を締めていく必要がある。

こういう努力をすることで、自分のペースとモチベーションが維持できるし、万が一、心が折れそうになっても、何とかぎりぎりの線で踏みとどまることができるようになる。

終　章

前向きに考え、生きてみる

もやもやが晴れる

Ａ４メモ書きは、ノートや日記帳のように決まったフォーマットに書き入れていくものではないので、気楽に始めることができる。始めてからも、何も考えずにただ書いて整理するだけで、悩みの全体像がはっきり浮かび上がってくるから不思議だ。

メモを多面的に書いたり、深掘りしたりすると、さらにすっきりさせてくれる。自分が本当にしたいことは何か、はっきりと見えてくる。私たちの頭は、集中するとものすごいパワーを発揮するが、何かが気になると全く動かなくなる。気分がいいと前向きになれるし、ちょっと嫌なことがあると何もしたくなくなる。私はこれまで、細心の注意を払って自分の「もやもや解消」「もやもや掃除」に取り組んできた。そういう「つまらないもの」で気分を悪くしたり、頭を鈍らせたりするのは避けたいと思ったからだ。

Ａ４メモを多数書き、また多くの人に書いてもらった結果、この習慣でもやもやを晴らすことは、誰でも比較的簡単にできることがわかった。物事がはっきり見えてくると、躊躇していたことも背中を押され、一歩前に踏み出しやすくなる。

「もやもや」する問題には、必ず根底に「そこに着手したくない」「できれば関わりたく

メモ13　テーマ：もやもやを晴らしたい

もやもやが晴れない　　2015-2-1

—とにかく、もやもやする。会社の人と飲みに行くと特に

—なんでもやもやするのか、わからない。自慢話を聞かされるからか

—それでも考えなくてはならない

—考えようとするだけで、頭がフリーズする

ない」といった本音がある。しかしながら、皆そこを避けては通れないから厄介だと感じている。そういう問題こそ、ストレスの少ないメモ書きのようなやり方で整理するのがお勧めだ。

どうしても着手できないという方、やっぱり何から書き出したらよいかわからないという方のために「もやもやが晴れない」という題材でメモを書くとすると、こんな感じになる（メモ13）。

さらに、各項目について深掘りしていくと、原因と解決策、すなわち今出せる最高の結論にまで行きつくことができる。

嫌なことがあっても、すぐ混乱するのではなく、なぜそういう嫌なことが起きたの

か、第三者から見るとどうなるのかなど、従来とはかなり異なる見方ができるようになる。私たちの仕事や毎日の生活は「嫌なこと」の連続なので、それをどう避けるか、消化するか、乗り越えるかが行動の質や「幸せ感」に大きく影響する。「嫌なこと」が起きても、まず別の角度から見る癖をつけておくと、簡単に気分が悪くなってしまうということがなくなる。それだけで「幸せ感」が続きやすくなる。

実は、嫌なことでも、「絶対許せない、絶対に許すべきでない」ということばかりではない。第三者から見たら、本人の気持ちはよくわかるものの、どっちもどっちということがかなりある。誤解や勘違いということもある。立場の違いによって判断は異なるし、嫌悪感のレベルも違ってくる。もやもやがはっきりするだけで、少し違う見方ができるようになったり、建設的な考え方ができるようになる。そうやって感情面が改善できると本質が見えやすくなり、物事が前に進む。

好循環が起きる

悩みが晴れると行動が速くなり、自然に前進するようになる。結果として、成果も出しやすくなる。問題を未然防止したり、一歩先に対処できたりして、大失敗もしなくなる。

うまくいく時は大成功するし、うまくいかなくても、ある程度は結果を出すことができ、大火傷をしなくなる。

前が見えるようになると、よい結果につながる。そうなると、周囲の人も協力してくれて、さらによい結果が出る。この人と一緒にやっていれば必ずうまくいくという状況になっていき、好循環が次々に起きる。

好循環が起きる状況をまとめると、

・頭が整理されて、気分もすっきりする
・何をすべきか見えてくる
・これまで躊躇していたのが、少し前に進めそうな気がしてくる
・実際、踏み出すことができる
・気持ちも前よりポジティブになってきた
・一度ポジティブになると、よいことが寄ってくる
・悪循環をストップできるようになる
・自分だけではなく、周囲の人も幸せにできるようになる

・その結果、自分ももっと前向きになれる

最初はたまたまできたことでも、一度好循環を経験するとどんどんよくなるし、他でもまた起こすことができる。

ちなみに、私自身の好循環の起こし方は、

・メールにはすぐ返信する
・コミュニケーションは、「念のため」ということで、きめ細かく伝えるようにする
・何かを頼まれたら、よほどのことがない限り引き受ける
・相手の期待以上の成果を出すことで再度依頼を受け、よりよい仕事をする

といった形だ。好循環の前提となることもいくつかあって、

・A4メモ用紙とペンはアタッシュケース、オフィス、自宅の三箇所に置き、すぐメモが書けるようにしておく

・チームメンバーの話をよく聞き、悩み相談をし、やる気を引き出す
・チーム内のコミュニケーションの頻度、内容、時間などを徹底させる
・疲れていても日曜日のナイターテニスをすることで、体調管理をする
・前向きな気持ちを維持できる最低睡眠時間を確保する（私の場合6時間）
・情報収集は朝晩30分ずつ自宅で。PC＋大型スクリーンで実施する
・何でも相談できる相手を分野ごとに確保している

などで仕事の生産性を大きく上げるようにしている。

自然に前向きになる

人はもともと「前向き」にできている。生きるエネルギーがあり、少しくらい病気や怪我をしても立ち直り、次々に創意工夫をし、生活を改善し、家族と仲間を増やし、繁栄してきた。

後ろ向きで、常に不機嫌で不平不満ばかり言っている人がいるとしても、多分、それは人間の本性ではない。個人にトラウマがあったり、不幸な過去を背負っていたり、あるい

はそんな重いことではないにしろ、ちょっとしたきっかけでなんとなく不機嫌になっているということもある。

何もかもうまくいかない状況は、もちろん本人も大変辛いだろうが、けんか腰であったり感情の起伏が激しくなるので、周囲もストレスを抱えてしまう。何とかしてあげたくても腫れ物に触るような感じになってしまい、うまく接することができない。好意的に声をかけてあげても噛みつかれるし、下手をすれば悪口を言いふらされるなど、自分の立場を危うくしかねない。また、反抗できない相手を見つけてはけ口にしてしまう人も、実際はかなり多い。はけ口にされた人は精神的に参ってしまい、自分に自信が持てなくなる。そうなると、自分がされたことと同じ仕打ちを、自分よりさらに弱い相手にしてしまい、悪循環の連鎖が起こってしまう。

ものすごく傷ついた結果、心のバランスがとれなくなっている人については、まず原因と向き合って自分の心を受け止めること。ちょっと気に食わないことがあっただけで機嫌が悪くなってしまう人は、自分の気持ちがいかに環境や状況に左右されやすいかを自覚して、影響されにくい自分作りに努めるべきだと思う。

元気のない世の中では、悪循環の連鎖も起こりやすい。だからこそ、自分が後ろ向きになっていることをすぐ察知し、改善する方法を身につけることが、生き抜く上でも何よりのスキルになるだろう。

世間には、耳にやさしいが実効性のほとんどないアドバイスはたくさんある。しかし、A4メモ書きはどんな方でも、自分の努力で心の重荷を大きく減らすことができるメソッドだ。

・自分がどんなにひどい目にあったのか
・自分は何が気に入らないのか
・それで相手がどう思ったのか
・相手は何をしようとしていたのか
・何が相手をそこまでひどい人間にしたのか

A4メモに全部吐き出していくと、ものごとを客観視できるようになる。そうすると、違った見方ができるようになり、世の中の見え方も確実に変わっていく。以前の暗い不満ばかり言う自分が変わった結果、周囲からも今までにはない反応が出るようになる。人への接し方が変われば、受け手の返し方も自然と変わってくるのだ。

相手の反応が明るくなると、こちらの気持ちも少しずつ明るくなり始める。

すると、相手はさらに明るく優しくなり、不思議な気分になる。ずっと忘れていた温かさというか、「人には、こんなに優しい一面もあるんだ」「自分もなかなか捨てたもんじゃない」という気持ちを感じることができるようになる。一度も笑ったことがなかった不機嫌な人でさえ、自然と穏やかな気持ちになっていく。悪循環で自暴自棄だったものも、よい方向へ流れ出し、あるところで何もかもが変わり始めるだろう。

ふとした拍子にまた暗い気持ちになっても、四六時中暗かった以前に比べると全く違う。よくわからないが決して心地悪いわけではなく、伸び伸びするような、清々しいような……こんな気持ちになったことが、かつてあっただろうか。

こうやって、だんだんと前向きでいられる時間は長くなっていく。時折、何かにひっかかってカッとなることがあっても、徐々にそれすら減っていき、ゆったりと構えられるようになる。

夢に近づく

誰でも夢を持っている。留学したいとか、海外に移住したいとか、こういう仕事がしたい、独立したいとか、素敵な家に住みたいとか、好きな車に乗りたいとか……多かれ少なかれ夢を持っている。小さな夢も大きな夢もある。絶対実現したいと考えている夢も、もし実現したらうれしいなと考えている夢も、ともかく「夢」として持っている。

しかしながら、多くの人はその夢が「実現する」とは、思ってもいないのではないだろうか。

ただの「夢」なので、実現の方法を考えることもなく、考えてもむなしくなる。そんなことをしても誰にも褒められないし、下手をすると馬鹿にされる。夢を実現するよう励ましてくれる人もいないし、助言してくれる人もいない。そういう状況では、夢は実現すべき目標ではなく、実現したらうれしいけれど、とくに実現に向けて努力するものではなくなってしまう。

改めて、一人ひとりが夢を持ち、それに向かって努力するような国に戻せたらと思う。夢を持っている人、夢に近づこうと努力している人が多い国は、国として素晴らしいし、健全な愛国心が芽生えるのではないだろうか。

右翼や左翼ということとは、全く関係ない。愛国心を持たないということは国、国民としてのアイデンティティーもなく、それに関する主張もなく、適切な反論もなく、国際社会で流されるだけの存在になってしまう。これは何としても変えていきたい。サッカーのワールドカップやなでしこジャパン、オリンピックでの日本人選手の活躍だけ熱心に応援するようでは、極めて片手落ちであるのは言うまでもない。

こんな時だからこそ、一人ひとりが立ち上がって、「自分はこういうことがしたい」「自分の夢に一歩でも近づくため、こういうことをやっていきたい」と積極的に動かなければならない。一人ひとりが立ち上がって発言するようになると、それに合わせて政治も行政も改善されていく。

Ａ４メモを書くと、どうやったら夢に少しでも近づけるのか、見えてくる。やはり、目で見て認識することのインパクトは大きく、夢に近づくための行動がとりやすくなる。メモ書きすれば夢が叶うなんて、そんな簡単な話があるのかと思われるかもしれないが、「夢を紙に書くと実現する」というメカニズムについては、かなり昔から注目されている。正月に神社に行って書く絵馬も、祈願する方法であり、平安時代から続いている風習だ。

例え完全に実現しなくても、何歩も近づくことで、気持ちが前向きになり幸運・良縁を呼び込み、夢に近づいたり、新たな夢を持ったりする。

これまであまり感じることのできなかった幸せ感、大きな充実感を味わうことができるだろう。

「ゼロ秒思考」で人生を変える

「ゼロ秒思考」とは、考えの質とスピードの最高到達点だと考えている。

A4メモ書きを極めることで、瞬間的に問題を把握し、課題を整理し、答えを導き出すことができるようになる。答えを出すと同時に意思決定まで進めてしまう。そこには「悩む、もやもやする」時間はあまり存在しない。難しいと言われるかもしれないが、私は誰でも前向きに考えることで、習慣化できるスキルだと思っている。

メモ書きで、考え方が大きく変わる。自分の頭で考え、発言し、行動することがごく自然になってくる。メモ書きを始めてから以前の自分を振り返ると、いかに何も考えず、日々の生活、仕事に流されていたかに気づいて愕然とすると思う。考えてもしょうがないと思っていたことが、決してそうでもないということに気づける。考えることを放棄していた自分がいかに恥ずかしく、成長していなかったかを痛感するようになる。

仕事もプライベートもスムーズに気分よく進み、心の余裕ができるので、人にも優しくなれる。人に優しくなれると、心が豊かになる。

そして、自分に対しても優しく、かつ厳しくなれる。「厳しく」というのは、やるべきことに対して熱心に努力をし、達成できるように励まし、お尻を叩いてあげることだ。自分自身の課題・トラウマに対して、適切な配慮をして接し、成長する機会を何度でも与えることができるようになる。ここまでくれば、しめたもの！

自分が何をしたいのか、どうやってすべきなのか、明確に目標設定ができるようになる。起こしたい行動を起こせるようになる。しかもどうするのがベストか、どういう体制を作って進めるべきなのか、自信を持って取り組めるようになる。

Ａ４用紙に吐き出して、迷いを取り払うというそれだけのことで、頭を前向きにする習慣がつく。

ここから自分の頭で考えることが始まり、行動を起こすことへとつながっていく。

おわりに

30年近く前に始めたA４用紙へのメモ書きが、ここに来て大変注目されるようになった。これまで通算２０００人以上の方に、直接メモ書きの方法を解説し、書いていただいた。

前作の『ゼロ秒思考』は、幸い7万部以上出版されたので、これで少なくとも5万人以上の方が、実際にメモ書きにチャレンジしてくださったのではないだろうか。

メモを数ページ書くことで、「あれ？　何か周りの見え方が変わってくる」という発見をしていただき、数百ページ書くことで、「頭がすっきりして何をしたいのか、どこから手をつけたらいいのか浮かぶようになった」と、実感していただきたい。さらに数千ページ書くことで、いつも「頭を前向きにする習慣」をぜひ獲得していただきたい。

自分の頭で考え、発言し、行動できるようになることが、日本人にとって今ほど必要になったことはない。

一人でも多くの日本人が頭を前向きにする習慣を身につければ、この厳しい時代にも立ち向かえると思う。一人ひとりの動きが輪を広げ、数百人、数千人、数百万人に拡がり、ひいては日本が直面する大きな課題を解決することになるはずだ。

Ａ４メモ書きは、友人、知人、後輩にもぜひ勧めてみてほしい。「ゼロ秒思考」のＡ４メモ書きで、すべての人が前向きになれると思う。

「頭を前向きにする習慣」を得て、昨日までの自分とはかなり違う自分になる。幸せな気持ちで前向きに行動する日本人が、どんどん増えていくことになるだろう。

最後に、本書を読まれた感想、質問を私宛て（akaba@b-t-partners.com）にお送りいただければ、すぐお返事させていただきます。Ａ４メモ書きで、あなたご自身がどう変わられたかをぜひ教えてください。参考にさせていただきます。仕事や対人関係などで困っていること、どう取り組むべきかわからないことなども、遠慮なくご相談ください。きっと何かヒントになるような返事を差し上げることができると思います。

関連講義

２０１３年

2月20日　中小機構主催　ベンチャープラザでの講演「リーンスタートアップ時代の事業計画とサービス開発、資金調達のあり方」

2月21日　ソーシャルメディアウィークＴｏｋｙｏでの講演「大企業の経営改革とベンチャーの活性化で日本を再び元気に」

5月21日、6月4日　電気通信大学「ベンチャービジネス特論」講義

6月4日　東京都中小企業振興公社主催「事業承継塾」

9月22日　ａｐｐｌｉｍキックオフミーティング基調講演

10月2日　東京大学工学部「産業総論」講義

10月24日　経産省主催　イノベーション環境整備研修「日本のベンチャーをもっと成功させるには？最新のベンチャー起業環境と課題」

11月2日　研究・技術計画学会パネルディスカッション

11月3日　北陸先端科学技術大学院大学「ベンチャービジネス創出論」講義
12月2日　ムンバイでのインド製造業経営幹部育成プログラム（VLFM）研修
12月4日　コルカタIIMCでのインド製造業経営幹部育成プログラム（VLFM）研修

2014年
1月29日　経済産業省主催 新事業創出支援カンファレンス パネルディスカッション
3月14日　文化放送「オトナカレッジ」（ラジオ放送）
3月30日　スクー 仕事3倍速セミナー
4月5日　スクー もやもやを消し去り人間関係をラクにする方法
4月8日　スクー 仕事の質とスピードを早く上げる方法
4月16日　経産省・NEDO共催 メーカー技術者・研究者の起業と自立を支援するセミナー＠東京
4月23日　経産省・NEDO共催 メーカー技術者・研究者の起業と自立を支援するセミナー＠大阪
5月1日　スクー「ゼロ秒思考」のメモ書き実践によるコミュニケーション力強化のポイント
5月8日　スクー「ゼロ秒思考」のメモ書き実践による部下へのコーチングのポイント
5月15日～　若獅子育成塾（全5日間）
5月20日　6月24日　電気通信大学「ベンチャービジネス特論」講義

5月29日　グッドファインドセミナー「難関面接も楽勝になる「ゼロ秒思考」とは？」
6月5日〜　日本経済新聞社「40歳からのネクストチャレンジ！」第1期（全4日間）
7月16日　お茶の水女子大 第3回博士人材キャリア開発セミナー
7月18日　電気通信大学・経済産業省関東経済産業局主催　地域産業振興講座２０１４「日本を活性化する、地域産業振興に必要な自治体職員のマインドとスキル」
9月11日〜　日本経済新聞社「40歳からのネクストチャレンジ！」第2期（全4日間）
9月12日　ＮＥＤＯ主催 イノベーション・ジャパン２０１４
9月21日　ａｐｐｌｉｍキックオフイベント基調講演
10月14日　経済産業省主催 イノベーション環境整備研修「大企業、中堅・中小企業、ベンチャー企業のイノベーションと競争力の抜本的強化」
11月20日　東京都、東京商工会議所主催　産業交流展２０１４「中小企業の活性化で日本を再び元気に」
11月26日　東京大学工学部「産業総論」講義

著者講義内容例

「40歳からのネクストチャレンジ！」プログラム　第一期
開催時期：2014年6月5日〜　全4回

「40歳からのネクストチャレンジ！」プログラムにおいては、4回の実践的なセッションを通じて、

・問題把握・解決力の向上
・部下の活かし方/育て方
・リーダーシップの発揮のしかた
・コミュニケーション力の向上
・仕事のスピードアップ
・情報力の大幅強化
・現職でのこれまで以上の活躍のしかた

・起業する際の流れの理解

などを実践できるよう身につけていただくことをねらいとしている。

淡々とした講義ではなく、それぞれのトピックに関して非常に詳細かつ具体的なテキストをご用意し、40〜50回の質問にお答えし、毎回5、6ページのメモも書いていただく。体感して覚えていただくだけではなく、その後の継続的スキルアップの方法もお伝えしている。

4回のセッションは、毎回19:00-20:30に講義とディスカッション、20:30-21:30に全員参加での懇親会というプログラムになっている。

著者紹介

赤羽雄二　あかば ゆうじ

1978年に東京大学工学部卒業後、小松製作所で建設現場用ダンプトラックの設計・開発に携わる。1983年よりスタンフォード大学大学院に留学、機械工学修士、修士上級課程を修了。1986年、マッキンゼーに入社。経営戦略の立案と実行支援、新組織の設計と導入、マーケティング、新事業立ち上げなど多数のプロジェクトをリード。1990年にはマッキンゼーソウルオフィスをゼロから立ち上げ、120名強に成長させる原動力となるとともに、韓国企業、特にLGグループの世界的な躍進を支えた。2002年、「日本発の世界的ベンチャー」を1社でも多く生み出すことを使命としてブレークスルーパートナーズ株式会社を共同創業。最近は、大企業の経営改革、経営人材育成、新事業創出、オープンイノベーションにも積極的に取り組む。著書に「ゼロ秒思考」(ダイヤモンド社)、「7日で作る　事業計画書」(明日香出版社)がある。[HP] http://b-t-partners.com/

幻冬舎エデュケーション新書 001

頭を前向きにする習慣

2014年12月5日　第1刷発行

著　者　赤羽雄二
発行人　中村晃一
発行元　株式会社 幻冬舎エデュケーション
〒151-0051　東京都渋谷区千駄ヶ谷4-9-7
電話：03(5411)6215(編集)
発売元　株式会社 幻冬舎
〒151-0051　東京都渋谷区千駄ヶ谷4-9-7
電話：03(5411)6222(営業)
振替：00120-8-767643

ブックデザイン　小口翔平＋西垂水敦（tobufune）
印刷・製本所　中央精版印刷株式会社

Printed in Japan
ISBN 978-4-344-97950-5　C0295　検印廃止

幻冬舎エデュケーションホームページアドレス　http://www.gentosha-edu.co.jp/
この本に関するご意見・ご感想をメールでお寄せいただく場合は、info@gentosha-edu.co.jp まで。